개정판

スラスラ
일본어 입문

손 정 숙

제이앤씨
Publishing Company

머리말

　우리는 게임, 애니메이션, 드라마, 만화를 비롯한 다양한 일본관련 문화 콘텐츠를 자주 접하고 있습니다. 이런 외국 문화 콘텐츠와의 만남은 자연스레 외국어 학습으로 이어져 일본 문화를 계기로 일본어를 배우고자 하는 학습자들이 많아지고 있습니다.
이에 일본 문화를 통하여 알게 된 일본어를 체계적으로 학습하고자 하는 학습자들이 단기간에 정확하게 체득할 수 있도록 일본어의 기초어휘와 핵심적인 문법사항만을 담아 여러분들이 즐겁게 학습할 수 있도록 하였습니다.
외국어 학습의 지름길은 반복과 모방으로 교재에 주어진 기본적인 문장들을 통째로 익혀 활용 응용해 간다면 여러분은 "일본어 천재"가 될 수 있다는 자신감도 갖게 될 것입니다.

　본 교재는 대학의 일본어 입문 강의를 비롯하여 처음 일본어를 접하는 학습자들이 쉽고 재미있게 익힐 수 있도록 일본어의 문자와 발음을 비롯한 기초문법사항을 14개 과로, 각 과는

- 간단한 회화로 구성한 「본문」
- 학습목표를 제시한 「문형과 문법」
- 문장의 패턴과 어휘를 반복 학습할 수 있는 「말해봅시다」
- 학습내용을 최종 점검하고 쓸 수 있는 「연습문제」

로 구성하였습니다.
　또한 문자연습에서부터 각과의 단어와 기본문형의 내용들을 확인 학습할 수 있는 워크북을 마련하여 학습자들의 예습, 복습과 강의에서 과제로 활용할 수 있도록 하였습니다.

　끝으로 본 교재가 일본어를 시작하는 모든 분들에게 본 교재의 제목처럼 일본어를 「술술술 유창하게 말할 수 있는」 실력자가 될 탄탄한 초석을 마련하는 지침서가 되길 바라며 제작을 도와주신 제이앤씨 출판관계자 여러분께 감사드립니다.

2020.02.

손 정 숙

학습내용

학습내용

Unit 06. こくりつちゅうおうとしょかん 国立中央図書館は しず 静かですか	① な형용사(긍정형/부정형/연결형/명사수식) 　　~は ~です(か)　　　　　~는(은) ~합니다(까) 　　~では(じゃ)ありません　~지 않습니다 　　~な명사です　　　　　　~한 (명사)입니다 　　~で ~です　　　　　　~하고 ~합니다 ② 조사 で / 지시어(방향)
Unit 07. ゆうびんきょく あそこに郵便局が あります	① 존재문(ある 긍정형/부정형) 　　~は ~にあります　　　~는(은) ~에 있습니다 　　~は ~にありません　　~는(은) ~에 없습니다 　　~に ~があります　　　~에 ~이 있습니다 ② 조사 が、に / 위치 방향을 나타내는 명사
Unit 08. にんかぞく 6人家族です	① 존재문(いる 긍정형/부정형) 　　~は ~にいます　　　　~는(은) ~에 있습니다 　　~は ~にいません　　　~는(은) ~에 없습니다 ② 가족호칭/ 의문사
Unit 09. い カラオケボックスに行きます	① 동사 분류 ② 동사 ます형 (긍정형/부정형/의문형) 　　~ます(か)　　　　　~합니다(까) 　　~ません(か)　　　　~하지 않습니다(까) ③ 동사 사전형+ 명사 (명사수식) 　　~る 명사　　　　　~는 (명사) ④ 조사 で、が、を
Unit 10. はじ　　　　たいへん 初めは大変でした	① 동사 과거표현(긍정형/의문형) 　　~ました(か)　　　　　　　　　　　~했습니다(까) ② い형용사 과거표현(긍정형/부정형) 　　~かったです　　　　　　　　~었(았)습니다 　　~くなかったです(＝くありませんでした)　~지 않았습니다. ③ な형용사 과거표현(긍정형/부정형) 　　~でした(=たったです)　　　　　~(했)였습니다 　　~では (じゃ)ありませんでした　~지 않았습니다.

학습내용

목 차

목 차

PART 1
문자와 발음 1

1. 히라가나(平仮名、ひらがな)

「平(ひら)」는 각(角)이 없고, 평이(平易)하다는 뜻이며, 보통 문장에서는 이 ひら がな를 한자와 섞어서 사용한다. ひらがな는 한자(漢字)의 초서체(草書体)가 변형되어 만들어진 것이다. 현재 사용되고 있는 ひらがな의 자원(字源)은 다음과 같다.

あ(安)	か(加)	さ(左)	た(太)	な(奈)	は(波)	ま(末)	や(也)	ら(良)	わ(和)	
い(以)	き(幾)	し(之)	ち(知)	に(仁)	ひ(比)	み(美)		り(利)	ゐ(爲)	
う(宇)	く(久)	す(寸)	つ(川)	ぬ(奴)	ふ(不)	む(武)	ゆ(由)	る(留)		
え(衣)	け(計)	せ(世)	て(天)	ね(祢)	へ(部)	め(女)		れ(礼)	ゑ(恵)	
お(於)	こ(己)	そ(曾)	と(止)	の(乃)	ほ(保)	も(毛)	よ(与)	ろ(呂)	を(遠)	ん(无)

2. 가타카나 (片仮名、カタカナ)

「片(かた)」는 한자의 한쪽이라는 뜻으로 한자의 일부분을 따서 만든 것이다. 주로 외래어·외국지명·인명·전보문·의성어·의태어·문장에 있어서 강조할 부분 등을 표기할 때 사용한다. 현재 사용되고 있는 カタカナ의 자원(字源)은 다음과 같다.

ア(阿)	カ(加)	サ(散)	タ(多)	ナ(奈)	ハ(八)	マ(末)	ヤ(也)	ラ(良)	ワ(和)
イ(伊)	キ(幾)	シ(之)	チ(千)	ニ(仁)	ヒ(比)	ミ(三)		リ(利)	ヰ(井)
ウ(宇)	ク(久)	ス(須)	ツ(川)	ヌ(奴)	フ(不)	ム(牟)	ユ(由)	ル(流)	
エ(江)	ケ(介)	セ(世)	テ(天)	ネ(称)	ヘ(部)	メ(女)		レ(礼)	ヱ(恵)
オ(於)	コ(己)	ソ(曾)	ト(止)	ノ(乃)	ホ(保)	モ(毛)	ヨ(与)	ロ(呂)	ヲ(乎)	ン(レ)

3 ✎ 한자(漢字、かんじ)

한자(漢字)는 문부성 지정 「상용한자음훈표(常用漢字音訓表)」를 주로 사용하고 있다. 한자 읽는 방법으로 음독(音読・소리읽기), 훈독(訓読・뜻 읽기)이 있으나, 세분하면 다음 2가지로 구분할 수 있다.

❶ 음독(音読:おんどく・おんよみ): 한자를 소리로 읽는다.

美人 → 美(び)+人(じん)
미인　　　미　　　인

❷ 훈독(訓読:くんどく・くんよみ): 한자를 뜻으로 읽는다.

美しい　　人　→ うつくしい + ひと
아름다운　사람　　아름답다　　　사람

PART 2

문자와 발음 2

일본어의 발음

1✎ 오십음도(五十音図、ごじゅうおんず)

・히라가나(ひらがな)

	あ 段	い 段	う 段	え 段	お 段
あ 行	あ [a]	い [i]	う [u]	え [e]	お [o]
か 行	か [ka]	き [ki]	く [ku]	け [ke]	こ [ko]
さ 行	さ [sa]	し [shi]	す [su]	せ [se]	そ [so]
た 行	た [ta]	ち [chi]	つ [tsu]	て [te]	と [to]
な 行	な [na]	に [ni]	ぬ [nu]	ね [ne]	の [no]
は 行	は [ha]	ひ [hi]	ふ [hu]	へ [he]	ほ [ho]
ま 行	ま [ma]	み [mi]	む [mu]	め [me]	も [mo]
や 行	や [ya]	(い)	ゆ [yu]	(え)	よ [yo]
ら 行	ら [ra]	り [ri]	る [ru]	れ [re]	ろ [ro]
わ 行	わ [wa]	(ゐ)	(う)	(ゑ)	を [wo]
	ん [N]				

* ( ) 안의 문자는 현대 일본어에서는 사용되지 않고 있다.

・가타카나 (カタカナ)

	あ 段	い 段	う 段	え 段	お 段
あ 行	ア [a]	イ [i]	ウ [u]	エ [e]	オ [o]
か 行	カ [ka]	キ [ki]	ク [ku]	ケ [ke]	コ [ko]
さ 行	サ [sa]	シ [shi]	ス [su]	セ [se]	ソ [so]
た 行	タ [ta]	チ [chi]	ツ [tsu]	テ [te]	ト [to]
な 行	ナ [na]	ニ [ni]	ヌ [nu]	ネ [ne]	ノ [no]
は 行	ハ [ha]	ヒ [hi]	フ [hu]	ヘ [he]	ホ [ho]
ま 行	マ [ma]	ミ [mi]	ム [mu]	メ [me]	モ [mo]
や 行	ヤ [ya]	(イ)	ユ [yu]	(エ)	ヨ [yo]
ら 行	ラ [ra]	リ [ri]	ル [ru]	レ [re]	ロ [ro]
わ 行	ワ [wa]	(ヰ)	(ウ)	(ヱ)	ヲ [wo]
	ン [N]				

* ( ) 안의 문자는 현대 일본어에서는 사용되지 않고 있다.

2 ✏ 청음(清音、せいおん)

あ 행 (あ行) – 모음 (母音、ぼいん)

あ[a]	い[i]	う[u]	え[e]	お[o]

あり 개미	**いえ** 집	**うさぎ** 토끼	**えび** 새우	**おとこ** 남자

か 행 (か行)

か[ka]	き[ki]	く[ku]	け[ke]	こ[ko]

かさ 우산	**きく** 국화	**くつ** 구두	**けしき** 경치	**こと** 거문고

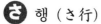 행 (さ行)

| さ [sa] | し [shi] | す [su] | せ [se] | そ [so] |

| **さかな** 생선 | **しか** 사슴 | **すいか** 수박 | **せみ** 매미 | **そら** 하늘 |

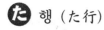 행 (た行)

| た [ta] | ち [chi] | つ [tsu] | て [te] | と [to] |

| **たまご** 달걀 | **ちかてつ** 지하철 | **つくえ** 책상 | **て** 손 | **とけい** 시계 |

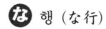 행 (な行)

| な [na] | に [ni] | ぬ [nu] | ね [ne] | の [no] |

| **なす** 가지 | **にわ** 정원 | **いぬ** 개 | **ねこ** 고양이 | **のり** 김 |

は 행 (は行)

| は[ha] | ひ[hi] | ふ[hu] | へ[he] | ほ[ho] |

| はな 꽃 | ひこうき 비행기 | ふね 배 | へや 방 | ほん 책 |

ま 행 (ま行)

| ま[ma] | み[mi] | む[mu] | め[me] | も[mo] |

| まめ 콩 | みみ 귀 | むし 벌레 | めがね 안경 | もも 복숭아 |

や 행 (や行)

| や[ya] | ゆ[yu] | よ[yo] |

| やま 산 | | ゆり 백합 | | よる 밤 |

(い)

(え)

ら 행 (ら行)

ら[ra]	り[ri]	る[ru]	れ[re]	ろ[ro]

さら 접시	**りんご** 사과	**くるま** 차	**れいぞうこ** 냉장고	**ろうか** 복도

わ 행 (わ行)

わ[wa]	を[wo]

 （い）（う）（え）

わかめ 미역				**えを かく** 그림을 그리다

ん[N]

せんせい 선생님	**でんわ** 전화

3 ✏ 탁음 (濁音、だくおん)

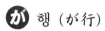 행 (が行)

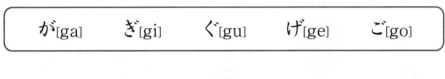

が[ga]   ぎ[gi]   ぐ[gu]   げ[ge]   ご[go]

| **がっこう** 학교 | **ぎんこう** 은행 | **ぐんじん** 군인 | **げた** 일본나막신 | **ごま** 참깨 |

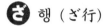 행 (ざ行)

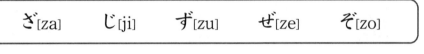

ざ[za]   じ[ji]   ず[zu]   ぜ[ze]   ぞ[zo]

| **ざっし** 잡지 | **じしょ** 사전 | **ちず** 지도 | **かぜ** 바람 | **ぞう** 코끼리 |

だ 행 (だ行)

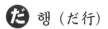

だ[da]　　ぢ[ji]　　づ[zu]　　で[de]　　ど[do]

| **だいがく** 대학 | **はなぢ** 코피 | **みかづき** 초승달 | **でんしゃ** 전철 | **まど** 창문 |

ば 행 (ば行)

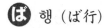

ば[ba]　　び[bi]　　ぶ[bu]　　べ[be]　　ぼ[bo]

| **かばん** 가방 | **ゆびわ** 반지 | **ぶどう** 포도 | **べんとう** 도시락 | **ぼうし** 모자 |

4 ✏️ 반탁음(半濁音、はんだくおん)

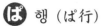 행 (ぱ行)

| ぱ[pa] | ぴ[pi] | ぷ[pu] | ぺ[pe] | ぽ[po] |

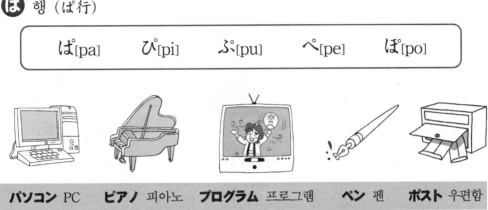

パソコン PC   **ピアノ** 피아노   **プログラム** 프로그램   **ペン** 펜   **ポスト** 우편함

5 ✏️ 요음(拗音、ようおん)

①

きゃ[kya]	しゃ[sha]	ちゃ[cha]	にゃ[nya]	ひゃ[hya]	みゃ[mya]	りゃ[rya]
きゅ[kyu]	しゅ[shu]	ちゅ[chu]	にゅ[nyu]	ひゅ[hyu]	みゅ[myu]	りゅ[ryu]
きょ[kyo]	しょ[sho]	ちょ[cho]	にょ[nyo]	ひょ[hyo]	みょ[myo]	りょ[ryo]

きゅうか 휴가   **きょうしつ** 교실   **りょうり** 요리

❷	ぎゃ[gya]	じゃ[ja]	ぢゃ[ja]	びゃ[bya]	ぴゃ[pya]
	ぎゅ[gyu]	じゅ[ju]	ぢゅ[ju]	びゅ[byu]	ぴゅ[pyu]
	ぎょ[gyo]	じょ[jo]	ぢょ[jo]	びょ[byo]	ぴょ[pyo]

ぎゅうにゅう 우유	**さんぎょう** 산업	**びょういん** 병원

6 ✏ 촉음 (促音、そくおん)

か行앞 [k]	▪ さっか : 작가 ▪ ゆっくり : 천천히 ▪ せっけん : 비누 ▪ がっこう : 학교	た行앞 [t]	▪ はってん : 발전 ▪ ぎっしり : 가득 ▪ きって : 우표 ▪ おっと : 남편
さ行앞 [s]	▪ ざっし : 잡지 ▪ けっせき : 결석	ぱ行앞 [t]	▪ いっぱい : 한잔 ▪ きっぷ : 표 ▪ コップ : 컵 ▪ ろっぽん : 여섯자루

がっこう 학교	**きって** 우표	**ざっし** 잡지	**きっぷ** 표

7 ✏️ 발음 (撥音、はつおん) – 「ん」

ば・ぱ ま行앞 [m]	・えんぴつ : 연필 ・せんぷうき : 선풍기 ・せんべい : 쌀과자 ・さんぽ : 산책

か・が 行앞 [ŋ]	・さんか : 참가 ・おんがく : 음악 ・けんこう : 건강 ・しんごう : 신호

さ・ざ・た だ・な ら行앞 [n]	・かんじ : 한자 ・かんたん : 간단 ・おんな : 여자 ・えんりょ : 사양

あ・は・や行 앞, 끝음 마지막자리 [ŋ]과 [n]의 중간음 [N]	・れんあい : 연애 ・きんえん : 금연 ・でんわ : 전화 ・にほん : 일본

えんぴつ 연필	**おんがく** 음악	**おんな** 여자	**れんあい** 연애

8 ✏️ 장음 (長音、ちょうおん)

❶ 「あ단」 → 「あ」 [a:] 　おば<u>あ</u>さん 　/ おばさん
❷ 「い단」 → 「い」 [i:] 　おじ<u>い</u>さん 　/ おじさん
❸ 「う단」 → 「う」 [u:] 　く<u>う</u>き 　/ くき
❹ 「え단」 → 「え」 [e:] 　え<u>え</u> 　/ え
　　　　 → 「い」 [e:] 　け<u>い</u>しき 　/ けしき
❺ 「お단」 → 「お」 [o:] 　と<u>お</u>り 　/ とり
　　　　 → 「う」 [o:] 　こ<u>う</u>こう 　/ ここ

| おばあさん
할머니 | おじいさん
할아버지 | くうき
공기 | けいしき
형식 | とおり
거리 |

| おばさん
아주머니 | おじさん
아저씨 | くき
줄기 | けしき
경치 | とり
새 |

PART 3

교실 용어

教室で

・ せんせい(先生)[sensei] ー がくせい(学生)[gakusei]

おはようございます。
[ohayou gozaimasu] 안녕하세요
(아침인사)

しゅっせき
出席をとります。
[syussekiwo torimasu] 출석을 부릅니다.

けっせき
欠席です。
[kessekidesu] 결석입니다.

遅刻です。
[chikokudesu] 지각입니다.

始めましょう。
[hazimemasyou:] 시작합시다.

見てください。
[mite kudasai] 봐 주세요

聞いてください。
[ki:te kudasai] 들어 주세요

読んでください。
[yonde kudasai] 읽어 주세요

言ってください。
[itte kudasai] 말해 주세요.

答えてください。
[kotaete kudasai] 대답해 주세요.

書いてください。
[kaite kudasai] 써 주세요.

練習してください。
[rensyusite kudasai] 연습해 주세요.

覚えてください。
[oboete kudasai] 외워 주세요.

<ruby>休<rt>やす</rt></ruby>みましょう。
[yasumimasyo:] 쉽시다.

いいです。
[i:desu] 좋습니다.

もう<ruby>一度<rt>いちど</rt></ruby><ruby>言<rt>い</rt></ruby>ってください。
[mo: ichido itte kudasai]
한번 더 말해 주세요

<ruby>終<rt>お</rt></ruby>わりましょう。
[owarimasyo:] 끝냅시다.

ありがとうございます。
[arigato: gozaimasu] 감사합니다.

<ruby>今日<rt>こんにち</rt></ruby>は。

[konnichiwa] 안녕하세요. (낮인사)

<ruby>今晩<rt>こんばん</rt></ruby>は。

[kombaNwa] 안녕하세요. (저녁인사)

Unit
01 はじめまして

吉田 はじめまして。吉田^{よし だ}です。

どうぞ、よろしくお願^{ねが}いします。

ユン はじめまして。ユンソナです。

こちらこそ、よろしくお願^{ねが}いします。

吉田 ユンさんは大学生^{だいがくせい}ですか。

ユン はい、そうです。吉田^{よし だ}さんも大学生^{だいがくせい}ですか。

吉田 いいえ、私^{わたし}は大学生^{だいがくせい}じゃありません。

会社員^{かいしゃいん}です。

✓ **word**

・はじめまして 처음 뵙겠습니다	・私(わたし) 나	・です 입니다
・どうぞ 부디	・よろしく 잘	・お願(ねが)いします 부탁합니다
・名前(なまえ) 이름	・こちらこそ 저야말로	・さん 씨
・大学生(だいがくせい) 대학생	・ですか 입니까	・は ~은(는)
・はい 네	・そうです 그렇습니다	・も ~도
・~じゃありません ~이(가)아닙니다		・会社員(かいしゃいん) 회사원

1 ～は ～です　　　～은(는) ～입니다

例 私は韓国人です。

山本さんはデザイナーです。

2 ～は ～ですか　　　～은(는) ～입니까?

例 あなたは学生ですか。

山本さんは日本人ですか。

3 はい／いいえ　　　네/아니오

例 はい、先生です。

はい、そうです。

いいえ、生徒では(じゃ)ありません。

4 인칭대명사

1인칭	わたし(私)	ぼく(僕)	おれ	나, 저
2인칭	あなた	きみ(君)	おまえ	당신, 너
3인칭	かれ(彼)	かのじょ(彼女)		그, 그녀
4인칭	だれ(誰)	どなた		누구, 어느분

* あたし(여자) ぼく・おれ(남자)

♣ 재미있는 숫자 메시지

0840	おはよう(「おはようございます」 안녕하세요 [아침인사])
4649	よろしく(「よろしくおねがいします」 잘 부탁합니다)
5960	ごくろう(「ご苦労さまでした」 수고하셨습니다)
3739	皆サンキュウ(「みんなありがとうございます」 여러분 감사합니다)

• 韓国人(かんこくじん) 한국인　　　　• デザイナー 디자이너
• 日本人(にほんじん) 일본인　　　　• 生徒(せいと) 학생

[1] _____ は _____ です。

エンディさん ／ アメリカ人

チンさん ／ 中国人

彼女 ／ ピアニスト

[2] _____ ですか。

はい、そうです。

いいえ、_____ では(じゃ)ありません。

高橋さん

日本人

吉田さん

[3] _____ は _____ です(か)。

こちら ／ 星野さん

そちら ／ 細田さん

あちら ／ 日本語の先生

✓ word

・エンディさん 앤디씨	・アメリカ人(じん) 미국인	・チンさん 진씨
・中国人(ちゅうごくじん) 중국인	・彼の女(かのじょ) 그녀	・ピアニスト 피아니스트
・日本語(にほんご) 일본어	・先生(せんせい) 선생	

練習問題

※ 다음 예와 같이 말하고 써 봅시다.

1 例
田中
はい、田中です。
いいえ、田中では(じゃ)ありません。

❶ 伊藤

❷ 中村

❸ 加藤

2 例　ユン／大学生　→　こちらはユンさんです。ユンさんは大学生です。

❶ 細田／シンガー

❷ 野村／ダンスの先生

❸ ソン／ピアニスト

❸ 作文

❶ 나는 대학생입니다.

➡

❷ 나는 한국인입니다.

➡

❸ 당신은 일본인입니까.

➡

❹ 아니요, 나는 일본인이 아닙니다.

➡

02 これは何^{なん}ですか

吉田	ユンさん、これは何ですか。
ユン	それはケータイです。
吉田	それもケータイですか。
ユン	いいえ、これはケータイじゃありません。
	デジカメです。
吉田	あれは誰^{だれ}のパソコンですか。
ユン	あれは吉田^{よしだ}さんのです。

・ケータイ 휴대전화	・デジカメ 디지털카메라
・誰(だれ) 누구	・パソコン 컴퓨터

1 〜は 〜です(か)　　　　〜은(는) 〜입니다(까)

例　これは消(け)しゴムです。

　　あれはユンさんの机(つくえ)です。

2 〜も 〜です　　　　　〜도 〜입니다

例　吉田(よしだ)さんも日本人(にほんじん)です。

　　先生(せんせい)も日本人(にほんじん)です。

3 지시어

こ(이)는 자기 영역에 가까운 것을 지칭할 때, そ(그)는 상대방영
역에 가까운 것을 지칭할 때, あ(저)는 대화 당사자 모두에게서
멀리 떨어진 것을 지칭할 때, ど(어느)는 부정칭(의문을 나타냄)
으로 쓴다.

■ 지시어 (+명사) この・その・あの・どの 이・그・저・어느

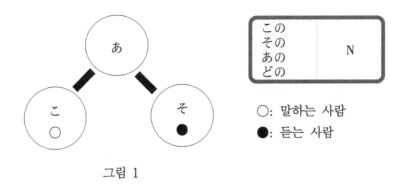

그림 1

○: 말하는 사람
●: 듣는 사람

■ これ・それ・あれ・どれ 이것・그것・저것・어느것 (사물)

그림 2

○: 말하는 사람
●: 듣는 사람

例 これは先生の本です。

あれは吉田さんの辞書です。

4 　のの 용법　〜의(소유·성격), 〜인(동격),
앞에 나온 체언의 대체(형식명사) 등으로 사용된다.

例　日本語の本です。　　　　　　　　(성격)

　　社長の山田です。　　　　　　　　(동격)

　　このデジカメは吉田さんのです。　(체언을 대신)

✓ **word**

- 消(け)しゴム 지우개　　　　　・ 机(つくえ) 책상
- 辞書(じしょ) 사전　　　　　　・ 社長(しゃちょう) 사장

[1] _____ は _____ です。

これ ／ ローション

それ ／ ケータイ

あれ ／ デジカメ

[2] _____ ですか。

はい、そうです。

いいえ、_____ では(じゃ)ありません。

パソコン

タバコ

雑誌

[3] _____ も _____ ですか。

はい、_____ も _____ です。

いいえ _____ は _____ では(じゃ)ありません。

これ ／ ラジオ

それ ／ パソコン

あれ ／ CDプレーヤー

[4] _____ は誰のですか。

_____ のです。

このパソコン	／	鈴木さん
その傘	／	私の友だち
あの車	／	山本さん

✓ **word**

- ローション 로션
- 雑誌(ざっし) 잡지
- ラジオ 라디오
- タバコ 담배
- CDプレーヤー 씨디플레이어
- 傘(かさ) 우산
- 車(くるま) 자동차

1 다음 밑줄 친 곳에 알맞은 말을 써 봅시다.

❶ A: これは誰のですか。

B: ＿＿＿＿＿は野村さん＿＿＿＿＿です。

A: では、これ＿＿＿＿＿ 野村さんのです＿＿＿＿＿。

B: いいえ、それは野村さんの＿＿＿＿＿＿＿＿＿。
吉田さん＿＿＿＿＿です。

❷ A: パクさんのデジカメは ＿＿＿＿＿＿＿＿＿ですか。

B: あれです。

❸ A: その鉛筆は誰のですか。

B: ＿＿＿＿＿ 鉛筆は佐藤さん ＿＿＿＿＿です。

2 다음 예와 같이 말하고 써 봅시다.

例 これは吉田さんのかばんですか。
→ はい、そうです。
→ いいえ、それは吉田さんのでは(じゃ)ありません。

❶ これはスイスの時計ですか。

→ はい、＿＿＿＿＿＿＿＿＿＿。

→ いいえ、それは＿＿＿＿＿＿＿＿＿＿。

❷ あれはあなたの机<ruby>机<rt>つくえ</rt></ruby>ですか

　　→ はい、_____。

　　→ いいえ、あれは_____。

❸ 作文

❶ 저 사람은 누구입니까.

➡

❷ 이것은 일본 자동차입니다.

➡

❸ 저것도 선생님의 것입니다.

➡

❹ 그것은 디지털카메라가 아닙니다.

➡

 word

·かばん 가방	·時計(とけい) 시계	·鉛筆(えんぴつ) 연필	·本(ほん) 책

03 1つおいくらですか

店員	いらっしゃいませ。
お客	ヘアクリップありますか。
店員	はい、あちらにあります。
お客	一つおいくらですか。
店員	大きいのは1,000円で、 小さいのは700円です。
お客	じゃ、大きいのを1つと小さいのを3つください。
店員	はい、全部で3,100円です。
お客	3,000円と 100円です。

머리핀

✓ **word**

・いらっしゃいませ 어서오세요	・ヘアクリップ 머리핀(=ヘアピン)	・1(ひと)つ 한 개
・いくら 얼마	・大(おお)きい 크다	・小(ちい)さい 작다
・と ～와(과)/랑/하고	・全部(ぜんぶ) 전부	・3(みっ)つ 3개

文型と文法

1 〜はいくらですか   〜은(는) 〜얼마입니까

例 ヘアゴムはいくらですか。

ハンカチはいくらですか。

ソックスはいくらですか。

2 〜は 〜です   〜은(는) 〜입니다

例 ヘアゴムは１００円です。

ハンカチは１,０００円です。

ソックスは８００円です。

3 〜と 〜をください   〜와(과) 〜를 주세요

例 アイスクリームとコーヒーをください。

お好みやきとやきそばをください。

おにぎりとラーメンをください。

4 ～で

～해서, 에(단위), ～이고(접속)

1. ～해서, 에(단위)

例 １つで５００円です。

全部で１，３００円です。

2. ～이고(접속)

例 私は大学生で、妹は高校生です。

ひややっこは２８０円で、おでんは６２０円です。

■ 일본어에도 수를 셀 때 쓰이는 조수사가 물건에 따라 다르다.

	1階	3階	6階	8階	何階
階(층)	いっかい	さんかい	ろっかい	はっかい はちかい	なんかい なんがい
枚(장) 종이, 셔츠	1枚 いちまい	3枚 さんまい	6枚 ろくまい	8枚 はちまい	何枚 なんまい
台(대) 자동차, 컴퓨터	1台 いちだい	3台 さんだい	6台 ろくだい	8台 はちだい	何台 なんだい
本(병・자루) 볼펜, 우산, 병	1本 いっぽん	3本 さんぼん	6本 ろっぽん	8本 はっぽん	何本 なんぼん
冊(권) 책, 노트	1冊 いっさつ	3冊 さんさつ	6冊 ろくさつ	8冊 はっさつ	何冊 なんさつ
匹(마리) 작은 동물	1匹 いっぴき	3匹 さんびき	6匹 ろっぴき	8匹 はっぴき	何匹 なんびき

■ 갯수

	1	2	3	4	5	6	7	8	9	10	何個 (몇개)
個(개)	いっこ	にこ	さんこ	よんこ	ごこ	ろっこ	ななこ	はっこ	きゅうこ	じゅっこ	なんこ
数(하나 ~열)	ひとつ	ふたつ	みっつ	よっつ	いつつ	むっつ	ななつ	やっつ	ここのつ	とお	いくつ

■ 숫자

	1 いち	2 に	3 さん	4 よ / よん / し	5 ご
十(~십)	6 ろく	7 なな/しち	8 はち	9 きゅう / く	10 じゅう
百(~백)	100 ひゃく	200 にひゃく	300 さんびゃく	400 よんひゃく	500 ごひゃく
	600 ろっぴゃく	700 ななひゃく	800 はっぴゃく	900 きゅうひゃく	
千(~천)	1,000 せん	2,000 にせん	3,000 さんぜん	4,000 よんせん	5,000 ごせん
	6,000 ろくせん	7,000 ななせん	8,000 はっせん	9,000 きゅうせん	
万(~만)	10,000 いちまん	20,000 にまん	30,000 さんまん	40,000 よんまん	50,000 ごまん
	60,000 ろくまん	70,000 ななまん	80,000 はちまん	90,000 きゅうまん	100,000 じゅうまん

✓ **word**

- ヘアゴム 머리줄
- ソックス 양말
- アイスクリーム 아이스크림
- コーヒー 커피
- やきそば 야키소바
- お好(この)みやき 오코노미야키
- ひややっこ 연두부
- おでん 어묵

[1] _____ は いくらですか。

スパゲッティ

オムライス

カレーライス

[2] _____ は _____ です。

スパゲッティ ／ 580<ruby>円<rt>えん</rt></ruby>

オムライス ／ 640<ruby>円<rt>えん</rt></ruby>

カレーライス ／ 450<ruby>円<rt>えん</rt></ruby>

[3] _____ と _____ をください。

りんご<ruby>2<rt>ふた</rt></ruby>つ ／ なし<ruby>3<rt>みっ</rt></ruby>つ

ソックス<ruby>3足<rt>さんそく</rt></ruby> ／ シャツ<ruby>1枚<rt>いちまい</rt></ruby>

<ruby>傘1本<rt>かさいっぽん</rt></ruby> ／ 消しゴム<ruby>1個<rt>いっこ</rt></ruby>

[4] _____ で _____ です。

<ruby>1<rt>ひと</rt></ruby>つ 200<ruby>円<rt>えん</rt></ruby>

<ruby>全部<rt>ぜんぶ</rt></ruby> 1000<ruby>円<rt>えん</rt></ruby>

日本の居酒屋のメニュー

ハイカラ居酒屋

 コーラ
200えん

 からあげ
450えん

 サイダー
220えん

 おでん
620えん

 ジュース
240えん

 さけ
650えん

 えだまめ
250えん

 ウィスキー
680えん

 ひややっこ
280えん

 おさしみ
690えん

 ウーロンハイ
320えん

 やきそば
700えん

 生ビール
500えん

 キムチなべ
980えん

 word

- スパゲッティ 스파게티
- オムライス 오므라이스
- カレーライス 카레라이스
- りんご 사과
- なし 배

1 다음 예와 같이 숫자를 히라가나로 쓰세요

> 例　315 → さんびゃくじゅうご

① 14　➡　　　　　　**④** 7,865　➡

② 286　➡　　　　　　**⑤** 53,248　➡

③ 1,900　➡　　　　　**⑥** 150,000　➡

2 다음 예와 같이 히라가나를 숫자로 쓰세요.

> 例　よんじゅうはち → 48　　　　ごひゃくろくじゅう → 560

① さんじゅうに　➡

② はっぴゃくごじゅうきゅう　➡

③ ろっぴゃくにじゅうさん　➡

④ さんぜんななひゃくよん　➡

⑤ はっせんにひゃくろくじゅういち　➡

⑥ よんまんろくせんさんびゃくじゅう　➡

③ 다음 예와 같이 쓰세요.

例 생맥주 4잔 → 生ビール 4杯

❶ 손수건 6장 ➡

❷ 우산 3자루 ➡

❸ 잡지 8권 ➡

❹ 토끼 3마리 ➡

④ 作文

❶ 배 한 개 얼마입니까.
➡

❷ 콜라와 아이스커피 주세요.
➡

❸ 전부 5,700엔입니다.
➡

❹ 생맥주는 500엔이고 정종은 650엔입니다.
➡

✓ **word**

- ハンカチ 손수건
- 生(なま)ビール 생맥주
- コーラ 콜라
- さけ 정종
- アイスコーヒー 아이스커피
- うさぎ 토끼

Unit 04 お誕生日はいつですか

星野	ソンさん、お誕生日はいつですか。
ソン	１２月１４日です
星野	冬ですね。これから６ヶ月後ですね。
ソン	ええ、そうです。星野さんのお誕生日はいつですか。
星野	６月１日です。
ソン	あ、明日ですね。パーティーしましょうか。
星野	ありがとうございます。
ソン	じゃ、明日夜７時はどうですか。
星野	ええ、いいですよ。

✓ **word**

- お誕生日(たんじょうび) 생일
- ６ヶ月(げつ) 6개월
- パーティー 파티
- 〜しましょう 합시다
- 冬(ふゆ) 겨울
- 後(あと) 뒤 후
- 〜しましょうか 〜할까요
- これから 지금부터
- 明日(あした) 내일
- 夜(よる) 밤

Unit 04 お誕生日はいつですか **51**

1 〜はいつですか　　〜은(는) 언제입니까

例　テストはいつですか。

　　ホワイトデーはいつですか。

- 何年(몇 년)

1年	2年	3年	4年	5年
いちねん	にねん	さんねん	よねん	ごねん
6年	7年	8年	9年	10年
ろくねん	しちねん	はちねん	きゅうねん	じゅうねん

- 何月(몇 월)

1月	2月	3月	4月	5月	6月
いちがつ	にがつ	さんがつ	しがつ	ごがつ	ろくがつ
7月	8月	9月	10月	11月	12月
しちがつ	はちがつ	くがつ	じゅうがつ	じゅういちがつ	じゅうにがつ

■ 何日(며칠)·何曜日(무슨 요일)

月曜日	火曜日	水曜日	木曜日	金曜日	土曜日	日曜日
1日 ついたち	2日 ふつか	3日 みっか	4日 よっか	5日 いつか	6日 むいか	7日 なのか
8日 ようか	9日 ここのか	10日 とおか	11日 じゅういちにち	12日 じゅうににち	13日 じゅうさんにち	14日 じゅうよっか
15日 じゅうごにち	16日 じゅうろくにち	17日 じゅうしちにち	18日 じゅうはちにち	19日 じゅうくにち	20日 はつか	21日 にじゅういちにち
22日 にじゅうににち	23日 にじゅうさんにち	24日 にじゅうよっか	25日 にじゅうごにち	26日 にじゅうろくにち	27日 にじゅうしちにち	28日 にじゅうはちにち
29日 にじゅうくにち	30日 さんじゅうにち	31日 さんじゅういちにち				

■ 시간의 전후 표현

一昨日 (그저께)	昨日 (어제)	今日 (오늘)	明日 (내일)	明後日 (모레)

先々週 (지지난 주)	先週 (지난 주)	今週 (이번 주)	来週 (다음 주)	再来週 (다다음 주)

先々月 (지지난 달)	先月 (지난 달)	今月 (이번 달)	来月 (다음 달)	再来月 (다다음 달)

一昨年 (재작년)	去年/昨年 (작년)	今年 (올해)	来年 (내년)	再来年 (내후년)

■ 何時(몇 시) / 何分(몇 분)

	時	分
1	いちじ	**いっぷん**
2	にじ	にふん
3	さんじ	**さんぷん**
4	**よじ**	**よんぷん**
5	ごじ	ごふん
6	ろくじ	**ろっぷん**
7	**しちじ**	**ななふん**
8	はちじ	**はっぷん**
9	**くじ**	**きゅうふん**
10	じゅうじ	**じゅっぷん**
11	じゅういちじ	**じゅういっぷん**
12	じゅうにじ	じゅうにふん

2 ~から ~まで   ~부터 ~까지

기간, 거리의 시작과 끝을 나타내는 표현이다.

例 今日の授業は午前9時から　１２時までです。

家から駅まで１５分です。

 word

- 今日(きょう) 오늘
- ホワイトデー 화이트데이
- いつ 언제
- 授業(じゅぎょう) 수업
- 家(いえ·うち) 집
- テスト 테스트
- 駅(えき) 역

[1] ＿＿＿＿＿＿＿ はいつですか。

| お正月 | バレンタインデー | 母の日 |

[2] 今、何時ですか。

＿＿＿＿＿＿＿ 時 ＿＿＿＿＿＿＿ 分です。

[3] _____ は _____ から _____ までです。

デパート	/	午前１０時３０分	/	夜８時３０分
コンサート	/	夜７時３０分	/	夜９時３０分
テスト	/	火曜日	/	金曜日
セミナー	/	水曜日	/	土曜日

♣ 일본은 서력과 함께 연호를 사용하고 있다.

明治元年（1年）	1868年
大正元年（1年）	1912年
昭和元年（1年）	1926年
平成元年（1年）	1989年
令和元年（1年）	2019年
令和2年	2020年

✓ word

- お正月(しょうがつ) 설
- バレンタインデー 발렌타인데이
- 母の日(ははのひ) 어머니의 날
- コンサート 콘서트
- テスト 테스트
- セミナー 세미나

1 다음 질문에 답하세요.

❶ 子供の日はいつですか。(5월5일) ➡

❷ 敬老の日はいつですか。(9월21일) ➡

❸ 大晦日はいつですか。(12월31일) ➡

2 친구나 주변사람에 대해서 알아봅시다.

名前	誕生日	電話番号	職業	家
菊池かおり	5月13日	010-2587-4567	英語の先生	モクドン

3 다음 그림을 보고 물음에 답해 봅시다.

❶ Q: 今日は何月何日で何曜日ですか。(4월 1일 수요일)

A: _____ です。

❷ Q: 明日は何日何曜日ですか。

　　A: _____ です。

❸ Q: 昨日は何日何曜日でしたか。

　　A: _____ でした。

❹ Q: 来月は何月ですか。

　　A: _____ です。

④ 作文

❶ 당신의 생일은 언제입니까?

　➡

❷ 오늘은 몇월 며칠 무슨 요일입니까?

　➡

❸ 여름방학은 언제부터 언제까지입니까?

　➡

❹ 수업은 11시부터 12시 50분까지입니다.

　➡

✓ word

・お誕生日(たんじょうび) 생일	・子供の日(こどものひ) 어린이 날
・敬老の日(けいろうのひ) 경로의 날	・大晦日(おおみそか) 그믐날
・何月(なんがつ) 몇월	・何日(なんにち) 며칠
・夏休(なつやす)み 여름방학	

1월 1일	元日 / 元旦 (がんじつ / がんたん)	설날
1월 둘째 주 월요일	成人の日 (せいじんのひ)	성인의 날
2월 11일	建国記念日 (けんこくきねんび)	건국기념일
2월 23일	天皇誕生日 (てんのうたんじょうび)	徳仁 (なるひと) 천황탄생일
3월 20일	春分の日 (しゅんぶんのひ)	춘분
4월 29일	昭和の日 (しょうわのひ)	쇼와의 날
5월 3일	憲法記念日 (けんぽうきねんび)	헌법기념일
5월 4일	みどりの日 (ひ)	녹색의 날
5월 5일	こどもの日 (ひ)	어린이날
7월 셋째 주 월요일	海の日 (うみのひ)	바다의 날
8월 11일	山の日 (やまのひ)	산의 날
9월 셋째 주 월요일	敬老の日 (けいろうのひ)	경로의 날
9월 23일	秋分の日 (しゅうぶんのひ)	추분
10월 둘째 주 월요일	スポーツの日 (ひ)	체육의 날
11월 3일	文化の日 (ぶんかのひ)	문화의 날
11월 23일	勤労感謝の日 (きんろうかんしゃのひ)	근로감사일

MEMO

05 <ruby>会<rt>かい</rt></ruby><ruby>費<rt>ひ</rt></ruby>は<ruby>高<rt>たか</rt></ruby>いですか

星野 ソンさん、あそこはどこですか。

ソン あそこはゴルフ<ruby>練習場<rt>れんしゅうじょう</rt></ruby>です。

星野 ソンさんはゴルフが<ruby>好<rt>す</rt></ruby>きですか。

ソン はい、<ruby>大好<rt>だいす</rt></ruby>きです。

星野 そうですか。<ruby>会費<rt>かいひ</rt></ruby>は<ruby>高<rt>たか</rt></ruby>いですか。

ソン いいえ、あまり<ruby>高<rt>たか</rt></ruby>くありません。

星野 じゃ、<ruby>会員<rt>かいいん</rt></ruby>は<ruby>多<rt>おお</rt></ruby>いでしょう。

ソン ええ、<ruby>多<rt>おお</rt></ruby>いほうです。

 word

- ゴルフ 골프
- 好(す)きだ 좋아하다
- 会費(かいひ) 회비
- 練習場(れんしゅうじょう) 연습장
- 大好(だいす)きだ 매우 좋아하다
- 高(たか)い 비싸다
- 多(おお)い 많다

1 ～いです(か)　　　～입니다(까) (い형용사의 정중표현)

い형용사는 형태상 어미가 「－い」로 끝나며, 기본형의 형태로 명
사수식, 서술의 기능을 모두 갖는다.

例　英語は難しいです。

　　ゴルフは面白いですか。

2 ～い 명사　　　～한 (い형용사의 명사수식)

例　象は大きい動物です。

　　りんごは丸い果物です。

3 い형용사어간 くありません(＝くないです)
　　　　　　　　　～지 않습니다 (형용사의 부정표현)

어미 「い」를 「く」로 바꾸고 부정을 뜻하는 「ありません」 혹은,
「ないです」를 연결한다.

例　このハンドタオルはあまり高くありません。

　　ノートパソコンはあまり重くありません。

4 　い형용사어간 **くて、～いです** ～고 (い형용사의 연결·중지법)

어미「い」를「く」로 바꾸고「て」를 연결한다.

例　りんごは赤くて丸いです。

　　図書館は遠くて、食堂は近いです。

5 　지시어(장소)

■ ここ・そこ・あそこ・どこ　여기・거기・저기・어디

例　ここは インサドンです。

　　あそこは住友銀行です。

✓**word**

・インサドン 인사동	・住友銀行(すみともぎんこう) 스미토모 은행	
・英語(えいご) 영어	・象(ぞう) 코끼리	・動物(どうぶつ) 동물
・果物(くだもの) 과일	・大(おお)きい 크다	・丸(まる)い 둥글다
・難(むずか)しい 어렵다	・ノートパソコン 노트북	・あまり 그다지
・マジックペン 매직펜	・食堂(しょくどう) 식당	・赤(あか)い 빨갛다
・面白(おもしろ)い 재미있다	・高(たか)い 높다	・安(やす)い 싸다
・遠(とお)い 멀다	・近(ちか)い 가깝다	・図書館(としょかん) 도서관

[1] ＿＿＿＿＿＿＿＿ です(か)。

今日は暑い

キムチは辛い

ノートパソコンは小さい

[2] ＿＿＿＿＿＿＿＿い ＿＿＿＿＿＿＿＿です。

青い ／ 空

面白い ／ ゲーム

軽い ／ ケータイ

[3] ＿＿＿＿＿＿＿＿は ＿＿＿＿＿＿＿＿くありません(=くないです)。

ボールペン ／ 高い

お父さん ／ 優しい

日本のキムチ ／ 辛い

[4] ＿＿＿＿＿＿＿＿くて ＿＿＿＿＿＿＿＿です。

安い ／ おいしい

辛い ／ 甘い

面白い ／ 易しい

✓ **word**

- 暑(あつ)い 덥다
- 青(あお)い 파랗다
- 空(そら) 하늘
- 優(やさ)しい 상냥하다
- 易(やさ)しい 쉽다
- おいしい 맛있다
- 辛(から)い 맵다
- 甘(あま)い 달다
- 軽(かる)い 깊다
- キムチ 김치

※ 다음 예와 같이 말하고 써 봅시다.

1 例 部屋（へや）／大（おお）きい → 部屋（へや）は大（おお）きいです。

❶ 部屋（へや）／小（ちい）さい ➡

❷ 学校（がっこう）／遠（とお）い ➡

❸ 明日（あした）／忙（いそが）しい ➡

2 例 人（ひと）／やさしい

A:どんな人（ひと）ですか。　　B:やさしい人（ひと）です。

❶ 建物（たてもの）／大（おお）きい

A: _____　　B: _____

❷ スカート／短（みじか）い

A: _____　　B: _____

❸ 所（ところ）／涼（すず）しい

A: _____　　B: _____

3 例 韓国（かんこく）の夏（なつ）は ___暑（あつ）くて__ 冬（ふゆ）は 寒（さむ）いです。（暑（あつ）い）

❶ 春（はる）は _____ 短（みじか）いです。（暖（あたた）かい）

❷ キムチは ＿＿＿＿＿＿＿＿ 辛いです。(赤い)

❸ 東京はあまり ＿＿＿＿＿＿＿＿ ありません。(寒い)

❹ ラジオは ＿＿＿＿ も ＿＿＿＿ もありません。(大きい／重い)

④ 作文

❶ 봄은 따뜻하고 가을은 시원합니다.

➡

❷ 회비는 그다지 비싸지 않습니다.

➡

❸ 일본어는 쉽고 재미있습니다.

➡

❹ 내 가방은 둥글고 작은 가방입니다.

➡

✓ word

・小(ちい)さい 작다	・納豆(なっとう) 낫토	・忙(いそが)しい 바쁘다
・建物(たてもの) 건물	・スカート 치마	・短(みじか)い 짧다
・涼(すず)しい 시원하다	・味(あじ) 맛	・秋(あき) 가을
・暖(あたた)かい 따뜻하다	・寒(さむ)い 춥다	・重(おも)い 무겁다

➡ 형용사

<ruby>多<rt>おお</rt></ruby>い 많다	<ruby>少<rt>すく</rt></ruby>ない 적다
<ruby>大<rt>おお</rt></ruby>きい 크다	<ruby>小<rt>ちい</rt></ruby>さい 작다
<ruby>長<rt>なが</rt></ruby>い 길다	<ruby>短<rt>みじか</rt></ruby>い 짧다
<ruby>赤<rt>あか</rt></ruby>い 빨갛다	<ruby>青<rt>あお</rt></ruby>い 파랗다
<ruby>重<rt>おも</rt></ruby>い 무겁다	<ruby>軽<rt>かる</rt></ruby>い 가볍다
<ruby>遠<rt>とお</rt></ruby>い 멀다	<ruby>近<rt>ちか</rt></ruby>い 가깝다
<ruby>甘<rt>あま</rt></ruby>い 달다	<ruby>辛<rt>から</rt></ruby>い 맵다

おいしい 맛있다		<ruby>楽<rt>たの</rt></ruby>しい 즐겁다	
<ruby>難<rt>むずか</rt></ruby>しい 어렵다		<ruby>易<rt>やさ</rt></ruby>しい 쉽다	
<ruby>高<rt>たか</rt></ruby>い 비싸다	1,000,000,000 만원	<ruby>安<rt>やす</rt></ruby>い 싸다	5000円
<ruby>暑<rt>あつ</rt></ruby>い 덥다		<ruby>寒<rt>さむ</rt></ruby>い 춥다	
<ruby>暖<rt>あたた</rt></ruby>かい 따뜻하다		<ruby>涼<rt>すず</rt></ruby>しい 시원하다	
<ruby>優<rt>やさ</rt></ruby>しい 상냥하다		<ruby>忙<rt>いそが</rt></ruby>しい 바쁘다	
<ruby>面白<rt>おもしろ</rt></ruby>い 재미있다		<ruby>丸<rt>まる</rt></ruby>い 둥글다	
いい／よい 좋다		<ruby>悪<rt>わる</rt></ruby>い 나쁘다	

Unit 06 国立中央図書館は静かですか

> こくりつちゅうおう と しょかん しず

鈴木 国立中央図書館はどちらですか。

アン ここです。

鈴木 国立中央図書館は静かですか。

アン ええ、とてもきれいで静かなところです。

鈴木 交通の便はどうですか。

アン バス停が近くて便利な方です。

鈴木 地下鉄も近いですか。

アン いいえ、地下鉄は遠くて

ちょっと不便かも知れません。

✓ word

- 国立中央図書館(こくりつちゅうおうとしょかん) 국립중앙도서관
- 静(しず)かだ 조용하다
- きれいだ 깨끗하다
- 交通(こうつう)の便(びん) 교통편
- バス停(てい) 버스정류장
- 便利(べんり)だ 편리하다
- 地下鉄(ちかてつ) 지하철
- 近(ちか)い 가깝다
- 遠(とお)い 멀다
- ちょっと 좀
- 不便(ふべん)だ 불편하다
- 〜かも知(し)れません 〜일지도 모릅니다

1 ~ですか(か)　　　　　~합니다(까) (な형용사의 정중표현)

な 형용사는 い 형용사와 같은 기능을 하는 일본어 특유의 품사로 기본형은「ー だ」형태를 취하나 사전에는 어간만 나타난다.「~な」형태로 명사를 수식하여「な형용사」라고도 하며「형용동사」라고도 한다.

例 野村さんはいつも朗らかです。

このコピー機は便利です。

2 ~では(じゃ)ありません　~지 않습니다 (な형용사의부정표현)

例 交通はあまり便利では(じゃ)ありません。

このケータイはあまり丈夫では(じゃ)ありません。

3 ~な 名詞です　　　　~한 ~입니다 (な형용사의명사수식)

例 木田さんは元気な人です。

ソウルは賑やかな街です。

4　な형용사어간 **で、～です** ～하고 ～해서 **(な형용사의 연결·중지법)**

な 형용사 어미인 「だ」를 「で」로 바꾼다.

例　野村(のむら)さんはハンサムで親切(しんせつ)です。

大橋先生(おおはしせんせい)はきれいで、料理(りょうり)も上手(じょうず)です。

5　지시어(방향)

■　こちら・そちら・あちら・どちら

이쪽·그쪽·저쪽·어느쪽

회화시에는「こっち·そっち·あっち·どっち」의 형태로 많이 쓰인다.

例　食堂(しょくどう)はあちらです。

スポーツセンターはどちらです。

✓ **word**

·いつも 언제나	·朗(ほが)らかだ 명랑하다	·コピー機(き) 복사기
·便利(べんり)だ 편리하다	·元気(げんき)だ 건강하다	·賑(にぎ)やかだ 번화하다, 활기차다
·街(まち) 도시 거리	·丈夫(じょうぶ)だ 튼튼하다	·親切(しんせつ)だ 친절
·料理(りょうり) 요리	·上手(じょうず)だ 능숙하다	

[1] ＿＿＿＿＿＿＿＿ です(か)。

　　町は賑やかだ
　　吉田さんは朗らかだ
　　韓国人は親切だ

[2] ＿＿＿＿＿＿＿＿ では(じゃ)ありません。

　　遊園地は静かだ
　　バスは便利だ
　　日本語が得意だ

[3] ＿＿＿＿＿＿ な ＿＿＿＿＿＿ です。

　　静かだ　　／　湖
　　元気だ　　／　子供
　　親切だ　　／　ガイドさん

[4] ＿＿＿＿＿＿ で、＿＿＿＿＿＿ です。

　　真面目だ　　／　朗らかだ
　　ハンサムだ　／　親切だ
　　静かだ　　　／　きれいだ

✓ word

- 町(まち) 마을
- 親切(しんせつ)だ 친절하다
- 便利(べんり)だ 편리하다
- 元気(げんき)だ 건강하다
- ハンサムだ 핸섬하다

- 賑(にぎ)やかだ 활기차다
- 遊園地(ゆうえんち) 유원지
- 得意(とくい)だ 잘한다, 자신있다
- ガイドさん 가이드
- 有名(ゆうめい)だ 유명하다

- 朗(ほが)らかだ 명랑하다
- 静(しず)かだ 조용하다
- 湖(みずうみ) 호수
- 真面目(まじめ)だ 성실하다

※ 다음 예와 같이 말하고 써 봅시다.

1 例
日本語（にほんご）の先生（せんせい）・ハンサムだ ／ はい・とても ／ いいえ・あまり
A: 日本語（にほんご）の先生（せんせい）はハンサムですか。
B: はい、とても ハンサム です。
　　いいえ、あまり ハンサム では（じゃ）ありません。

❶ 地下鉄（ちかてつ）の中（なか）・静（しず）かだ ／ いいえ・あまり

A: _____　　B: _____

❷ 大塚（おおつか）さんの部屋（へや）・きれいだ ／ はい・とても

A: _____　　B: _____

❸ このコピー機（き）・便利（べんり）だ ／ いいえ・あまり

A: _____　　B: _____

2 例
人（ひと）／ すてきだ
A: どんな人（ひと）ですか　　B: すてきな人（ひと）です。

❶ 学校（がっこう）／有名（ゆうめい）だ

A: _____　　B: _____

❷ 物（もの）／便利（べんり）だ

A: _____　　B: _____

❸ 仕事／大変だ

    A: _____   B: _____

3 例

賑やかだ ／ 有名だ

→ ここは賑やか<u>で</u>有名<u>な</u>所です。

❶ 私は _____ 男の人が好きです。(親切だ／ハンサムだ)

❷ 私のお父さんは _____ 人です。(テニスが上手だ／すてきだ)

❸ 地下鉄は _____ です。(きれいだ／便利だ)

4 作文

❶ 호시노씨는 요리를 잘 합니다.

    ➡

❷ 학교 식당은 깨끗합니다.

    ➡

❸ 요시모토씨는 스키를 잘 탑니다.

    ➡

❹ 오오하시 선생님은 예쁘고 상냥하고 매력적인 사람입니다.

    ➡

✓ word

・星野(よしの)さん 호시노 씨	・スキー 스키	・吉本(よしもと)さん 요시모토 씨
・大橋(おおはし)さん 오오하시 씨	・地下鉄(ちかてつ) 지하철	・すてきだ 멋지다, 매력적이다
・仕事(しごと) 일		

<ruby>親<rt>しん</rt></ruby><ruby>切<rt>せつ</rt></ruby>だ 친절하다	<ruby>不<rt>ふ</rt></ruby><ruby>親<rt>しん</rt></ruby><ruby>切<rt>せつ</rt></ruby>だ 불친절하다
<ruby>便<rt>べん</rt></ruby><ruby>利<rt>り</rt></ruby>だ 편리하다	<ruby>不<rt>ふ</rt></ruby><ruby>便<rt>べん</rt></ruby>だ 불편하다
<ruby>真<rt>ま</rt></ruby><ruby>面<rt>じ</rt></ruby><ruby>目<rt>め</rt></ruby>だ 성실하다	<ruby>不<rt>ふ</rt></ruby><ruby>真<rt>ま</rt></ruby><ruby>面<rt>じ</rt></ruby><ruby>目<rt>め</rt></ruby>だ 불성실하다
<ruby>好<rt>す</rt></ruby>きだ 좋아한다	<ruby>嫌<rt>きら</rt></ruby>いだ 싫어하다
<ruby>上<rt>じょう</rt></ruby><ruby>手<rt>ず</rt></ruby>だ 능숙하다	<ruby>下<rt>へ</rt></ruby><ruby>手<rt>た</rt></ruby>だ 못한다, 서툴다
<ruby>静<rt>しず</rt></ruby>かだ 조용하다	<ruby>賑<rt>にぎ</rt></ruby>やかだ 번화하다
<ruby>元<rt>げん</rt></ruby><ruby>気<rt>き</rt></ruby>だ 건강하다	<ruby>丈<rt>じょう</rt></ruby><ruby>夫<rt>ぶ</rt></ruby>だ 튼튼하다
きれいだ 예쁘다, 깨끗하다	<ruby>大<rt>たい</rt></ruby><ruby>変<rt>へん</rt></ruby>だ 힘들다
<ruby>暇<rt>ひま</rt></ruby>だ 한가하다	<ruby>得<rt>とく</rt></ruby><ruby>意<rt>い</rt></ruby>だ 자신있다

MEMO

あそこに郵便局が
ありますね

鈴木 あそこに郵便局がありますね。

アン ええ、そうです。

鈴木 そのとなりに黄色い建物がありますが。

あれは何ですか。

アン 大学病院です。

鈴木 アンさん、銀行はどこにありますか。

アン 病院の後ろにあります。

鈴木 ああ、近いですね。

アン ええ、ここから

10分くらいです。

 word

- 郵便局(ゆうびんきょく) 우체국
- そのとなり 그 옆에
- 後(うし)ろ 뒤
- ええ 네
- 黄色(きいろ)い 노랗다
- から 에서 / 부터
- そうですね 그렇군요
- 建物(たてもの) 건물
- くらい 정도

📑 文型と文法

1 〜は 〜にあります/ ありません
〜는 〜에 있습니다/ 없습니다 (사물·식물)

「に」는 시간, 존재의 장소(목적지·도착지)를 나타낸다.

〜에 (「へ」:방향성〜으로)

> 例　私は1990年に生まれました。
>
> 日曜日もここへ／に来ますか。
>
> 本屋は学校の前にあります。
>
> 美容院は学校の中にありません。

2 〜に 〜があります　　〜에 〜가(이) 있습니다

「が」는 주어를 나타낸다 〜이(가)

> 例　机の上にケータイがあります。
>
> 教室の中にいすがあります。

3 위치어

- 上・中・下・右・左・前・後ろ
  위・안(속)・아래・오른쪽・왼쪽・앞・뒤

例 デパートの右と左に何がありますか。
公園の前に交番があります。

- 隣・横 / そば・まわり　이웃・옆 / 근처・주변

例 先生の横に電話があります。
病院のそばに薬屋があります。

4 방향어

- 東・西・南・北　동・서・남・북

例 東のほう／西のほう／南のほう／北のほう
東西南北

✓ word

・本屋(ほんや) 서점	・花屋(はなや) 꽃가게	・机(つくえ) 책상
・美容院(びよういん) 미용실	・教室(きょうしつ) 교실	・ごみ箱(ばこ) 쓰레기
・ケータイ 휴대폰	・テーブル 테이블	・交番(こうばん) 지구대
・デパート 백화점	・公園(こうえん) 공원	・電話(でんわ) 전화
・区役所(くやくしょ) 구청	・消防署(しょうぼうしょ) 소방서	・薬屋(くすりや) 약국
・上(うえ) 위	・下(した) 아래	・中(なか) 안, 속
・前(まえ) 앞　・いす 의자	・方(ほう) 방향 쪽	・東西南北(とうざいなんぼく) 동서남북

話してみましょう

[1] _____ は _____ にあります(か)。

消(け)しゴム　　　／　　ここ

はさみ　　　　　　／　　テーブルの上(うえ)

コンビニ　　　　　／　　駅(えき)のそば

[2] _____ に _____ があります。

かごの中(なか)　　／　　りんご

テレビのとなり　　／　　オーディオ

公園(こうえん)　　　／　　花(はな)や木(き)

[3] _____ に _____ は(も)ありません。

ここ　　　　　　　／　　コップ

魚屋(さかなや)　　　／　　野菜(やさい)

教室(きょうしつ)　　／　　何(なに)

■ 위치 관련 명사

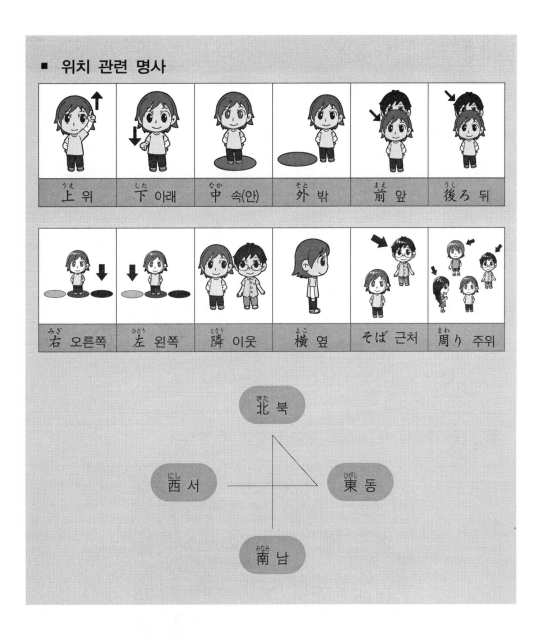

上 위	下 아래	中 속(안)	外 밖	前 앞	後ろ 뒤

右 오른쪽	左 왼쪽	隣 이웃	横 옆	そば 근처	周り 주위

北 북

西 서 ——— 東 동

南 남

✓ **word**

・はさみ 가위	・テーブル 테이블	・コンビニ 편의점
・駅(えき) 역	・コップ 컵	・木(き) 나무
・魚屋(さかなや) 생선가게	・野菜(やさい) 야채	・かご 바구니
・テレビ 텔레비전	・隣(となり) 옆	・オーディオ 오디오
・公園(こうえん) 공원	・や 랑	

Unit 07 あそこに郵便局がありますね **81**

練習問題

1 다음 밑줄 친 곳에 알맞은 말을 쓰세요.

例 ここ＿＿に＿＿本があります。

❶ あそこ ＿＿＿＿＿＿ 筆箱があります。

❷ 机 ＿＿＿＿＿＿ 上にボールペンがあります。

❸ かばん ＿＿＿＿＿＿ テーブルの下にあります。

❹ 筆箱の中に消しゴム ＿＿＿＿＿＿ マジックペンがあります。

❺ デジカメは ＿＿＿＿＿＿ にもありません。

2 다음 그림을 보고 예와 같이 말하고 써 봅시다.

例 A: 時計はどこにありますか。(地図の右)
B: 地図の右にあります。

❶ A: 机はどこにありますか。（窓の前）

B: _____

❷ A: 机の上に何がありますか。（ノートパソコン／電話／スタンド）

B: _____

❸ A: いすの上に何がありますか。（プリンター）

B: _____

❹ A: オーディオはどこにありますか。（ありません）

B: _____

❸ 作文

❶ 책상 위에 휴대폰이 있습니다.

➡

❷ 냉장고에 과일과 야채가 있습니다.

➡

❸ 백화점 뒤에는 스포츠센터가 있습니다.

➡

❹ 가방 속에는 아무것도 없습니다.

➡

➡️ 日本各地の特産物 〈일본 각 지역의 특산물〉

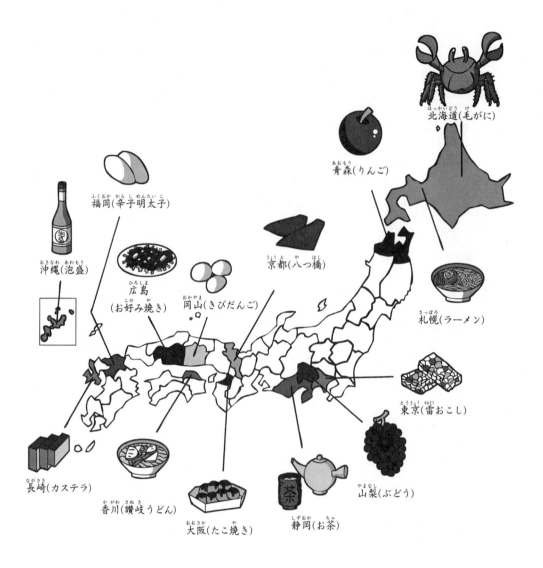

福岡(辛子明太子)

沖縄(泡盛)

広島(お好み焼き)

岡山(きびだんご)

京都(八つ橋)

青森(りんご)

北海道(毛がに)

札幌(ラーメン)

東京(雷おこし)

山梨(ぶどう)

長崎(カステラ)

香川(讃岐うどん)

大阪(たこ焼き)

静岡(お茶)

08 <ruby>6人家族<rt>ろくにん かぞく</rt></ruby>です

ハン <ruby>渡辺<rt>わたなべ</rt></ruby>さん、<ruby>何人<rt>なんにん</rt></ruby>ご<ruby>家族<rt>かぞく</rt></ruby>ですか。

渡辺 <ruby>6人家族<rt>ろくにん かぞく</rt></ruby>です。

ハン <ruby>皆<rt>みんな</rt></ruby>ソウルにいますか。

渡辺 いいえ、<ruby>両親<rt>りょうしん</rt></ruby>と<ruby>兄弟<rt>きょうだい</rt></ruby>は<ruby>東京<rt>とうきょう</rt></ruby>にいます。

ハン ご<ruby>兄弟<rt>きょうだい</rt></ruby>は。

渡辺 <ruby>2人<rt>ふたり</rt></ruby>の<ruby>兄<rt>あに</rt></ruby>と<ruby>姉<rt>あね</rt></ruby>が<ruby>1人<rt>ひとり</rt></ruby>で、<ruby>4人兄弟<rt>よにんきょうだい</rt></ruby>です。
<ruby>上<rt>うえ</rt></ruby>の<ruby>兄<rt>あに</rt></ruby>はフランスに<ruby>留学中<rt>りゅうがくちゅう</rt></ruby>です。

ハン では、<ruby>渡辺<rt>わたなべ</rt></ruby>さんは<ruby>末<rt>すえ</rt></ruby>っ<ruby>子<rt>こ</rt></ruby>ですね。

渡辺 ええ、そうです。
ハンさんのご<ruby>家族<rt>かぞく</rt></ruby>は
<ruby>皆<rt>みんな</rt></ruby>ソウルにいますか。

ハン いいえ、<ruby>両親<rt>りょうしん</rt></ruby>はプサンにいます。

はずかしい

✓ **word**

・何人(なんにん) 몇 명	・家族(かぞく) 가족	・6人(ろくにん) 여섯 사람
・皆(みんな) 모두	・ソウル 서울	・両親(りょうしん) 부모님
・兄弟(きょうだい) 형제	・東京(とうきょう) 동경	・兄(あに) 오빠, 형
・2人(ふたり) 두 사람	・姉(あね) 언니, 누나	・1人(ひとり) 한 사람
・4人兄弟(よにんきょうだい) 4 형제		・フランス 프랑스
・留学中 (りゅうがくちゅう) 유학중	・末っ子(すえっこ) 막내	・プサン 부산

1 〜 は 〜にいます／いません
〜는 〜에 있습니다／없습니다. (사람·동물)

例 子供は運動場にいます。

A: 先生はゼミ室にいますか。

B: いいえ、ゼミ室にはいません。研究室にいます。

2 가족호칭

		(자기)가족	(타인)가족
	할아버지	祖父	お祖父さん
	할머니	祖母	お祖母さん
	아버지	父	お父さん

	어머니	<ruby>母<rt>はは</rt></ruby>	お<ruby>母<rt>かあ</rt></ruby>さん
	누나/언니	<ruby>姉<rt>あね</rt></ruby>	お<ruby>姉<rt>ねえ</rt></ruby>さん
	오빠/형	<ruby>兄<rt>あに</rt></ruby>	お<ruby>兄<rt>にい</rt></ruby>さん
	남동생	<ruby>弟<rt>おとうと</rt></ruby>	<ruby>弟<rt>おとうと</rt></ruby>さん
	여동생	<ruby>妹<rt>いもうと</rt></ruby>	<ruby>妹<rt>いもうと</rt></ruby>さん

例

A: <ruby>吉本<rt>よしもと</rt></ruby>さんはお<ruby>兄<rt>にい</rt></ruby>さんがいますか。

B: はい、<ruby>兄<rt>あに</rt></ruby>が１<ruby>人<rt>ひとり</rt></ruby>います。

A: ナさんはお<ruby>祖父<rt>じい</rt></ruby>さんがいますか。

B: いいえ、<ruby>祖父<rt>そふ</rt></ruby>はいません。<ruby>祖母<rt>そぼ</rt></ruby>はいます。

3 | 사람 수

1人	2人	3人	4人	5人	6人	7人
ひとり	ふたり	さんにん	よにん	ごにん	ろくにん	ななにん

8人	9人	10人	11人	12人	20人	何人
はちにん	きゅうにん	じゅうにん	じゅういちにん	じゅうににん	にじゅうにん	なんにん

例　子供が5人います。

学生は13人います。

1人もいません。

4 | 의문사

의문사	何 무엇	誰 누구	どれ 어느것	どこ 어디	いつ 언제	いくら 얼마	いくつ 몇개
의문사+か	何か 뭔가	誰か 누군가	どれか 어느것인가	どこか 어딘가	いつか 언젠가	いくらか 얼마인가	いくつか 몇갠가

例　お母さんはどこにいますか。

あそこにいる人は誰ですか。

✔ word

・研究室(けんきゅうしつ) 연구실	・運動場(うんどうじょう) 운동장	・ゼミ室(しつ) 세미나실
・勉強(べんきょう) 공부	・風邪(かぜ) 감기	・会社(かいしゃ) 회사
・バス 버스	・お祖父(じい)さん 할아버지	・お祖母(ばあ)さん 할머니

[1] ＿＿＿＿＿＿ は ＿＿＿＿＿＿ にいます。

吉本さん　／　研究室

お父さん　／　名古屋

猫　／　ソファーの上

[2] ＿＿＿＿＿＿ に ＿＿＿＿＿＿ は(も)いません。

実習室　／　先生

うち　／　子供

学校　／　誰

[3] ＿＿＿＿＿＿ が ＿＿＿＿＿＿ います。

妹　／　3人

友だち　／　たくさん

野球選手　／　9人

✓ **word**

・名古屋(なごや) 나고야	・猫(ねこ) 고양이	・ソファー 쇼파
・実習室(じっしゅうしつ) 실습실	・家(うち) 집	・友(とも)だち 친구
・たくさん 많이	・野球(やきゅう) 야구	・選手(せんしゅ) 선수

1 다음 밑줄 친 곳에 알맞은 말을 쓰세요.

❶ A: テレビの前に ＿＿＿＿＿ がいますか。

B: 鈴木先生がいます。

❷ A: 車の中に＿＿＿＿＿いますか。

B: 3人います。

❸ A: ハンさんは ＿＿＿＿＿ にいますか。

B: 西口の前にいます。

❹ A: 教室の中に誰がいますか。

B: ＿＿＿＿＿ いません。

2 다음 예와 같이 말하고 써 봅시다.

例
> A: 吉本さんはどこにいますか。(野村さんの隣)
>
> B: 野村さんの隣にいます。

❶ A: お母さんはどこにいますか。(台所)

B: ＿＿＿＿＿＿＿＿＿＿＿＿＿＿＿＿

❷ A: 玄関の前に誰がいますか。(大橋／ユン／スミス)

B: ＿＿＿＿＿＿＿＿＿＿＿＿＿＿＿＿

❸ A: 部屋の中に誰がいますか。(母と父)

B: _____

❹ A: 休憩室には誰がいますか。(誰も)

B: _____

③ 作文

❶ 나는 여동생이 둘 있습니다.
➡

❷ 식당에는 남자아이 3명과 여자아이 8명이 있습니다.
➡

❸ 요시노씨는 형제가 없습니다. 외동입니다.
➡

❹ 학교에는 아무도 없습니다.
➡

 word

·台所(だいどころ) 부엌	·玄関(げんかん) 현관
·休憩室(きゅうけいしつ) 휴게실	·西口(にしぐち) 서쪽 출입구
·1人(ひとり)っ子(こ) 외동	

➡️ 조사 확인하기

조사	기능	의미	예문
は	주격(주제)	~은(는)	私(わたし)は大学生(だいがくせい)です。
が	주격(주어)	~이(가)	パソコンがあります。
を	목적격	~을	ご飯(はん)を食(た)べます。
に	시간 장소 선택 대상	~에 ~(으)로	9時(じ)に行(い)きます。 プサンに行(い)きます。 赤(あか)いのにします。 母(はは)に上(あ)げます。
へ	방향 장소	~에 ~(으)로	日本(にほん)へ行(い)きます。
で	장소 수단・방법 원인・이유	~에서 ~(으)로 ~때문에	プールで泳(およ)ぎます。 タクシーで行(い)きます。 風邪(かぜ)で学校(がっこう)を休(やす)みます。
も	나열 강조	~와(과) ~도	妹(いもうと)も私(わたし)も行(い)きます。 １つもありません。
と	나열・인용	~와(과)	ミルクとコーヒーがあります。
の	소유・동격 성분	~의 ~의 것	加藤(かとう)さんの時計(とけい)です。 これはゴルフの雑誌(ざっし)です。
から	이유・원인 출발점	~때문에 ~부터	病気(びょうき)だから休(やす)みます。 午前(ごぜん)１０時(じゅうじ)から始(はじ)めます。
まで	도착점	~까지	午後(ごご)２時(にじ)まで待(ま)ちました。
より	비교 출발점	~보다 ~부터	コーヒーよりジュースが高(たか)いです。 午後(ごご)３時(さんじ)より遊(あそ)びます。

Unit 09 カラオケボックスに行きます

渡辺　ハンさん、休日には何をしますか。

ハン　そうですね。家で日本の映画を見ます。

　　　また、時々家族といっしょにカラオケボックスにも行きます。

渡辺　そうですか。歌が上手ですか。

ハン　いいえ、歌は下手ですが、歌うのが好きです。

渡辺　カラオケボックスでお酒も売りますか。

ハン　いいえ、お酒は売りません。

渡辺　じゃ、何を飲みますか。

ハン　だいたい缶ジュースを

　　　飲みます。

✓ word

・休日(きゅうじつ) 휴일	・映画(えいが) 영화	・また 또
・時々(ときどき) 때때로	・いっしょに 함께	・カラオケボックス 노래방
・歌(うた) 노래	・歌(うた)う 노래부르다	・上手(じょうず)だ 능숙하다
・下手(へた)だ 서툴다	・だいたい 대개	・缶(カン)ジュース 캔쥬스
・売(う)る 팔다	・飲(の)む 마시다	

1 동사분류

일본어의 동사도 한국어와 마찬가지로 활용을 한다. 활용종류에는 크게 3가지가 있으며, 활용의 종류는 다음과 같이 기본형의 형태에 따라 분류한다. 동사의 기본형은 う단문자(う・く・ぐ・す・つ・ぬ・む・ぶ・る)로 끝난다.

3그룹동사	する・来る	
2그룹동사	[i]+る ／ [e]+る	起きる・見る／食べる・寝る
1그룹동사	[a]+る, [u]+る, [o]+る 형태와 う단의 문자로 끝나는 동사	行く 泳ぐ 始まる 呼ぶ

2 ～ます(か)　　　　　～합니다(까)

1그룹동사의 어미う단→い단으로 고치고「ます」를 연결하고, 2그룹동사는 동사 어간에「ます」를 연결한다. 3그룹동사「する」→「します」,「来る」→「来ます」가 된다. 동사의 정중표현「ます」에 의문종조사「か」를 붙이면「～합니까?」라는 의문문이 되고, 부정표현「ません」에「か」를 붙이면「～하지 않겠습니까?」라는 권유표현이 된다.

例　毎日何時に起きますか。　　（의문）

いっしょに映画を見ませんか。（권유）

3 | 동사 ます형의 활용

기본형		긍정 (~합니다) ~ます	부정 (~하지않습니다) ~ません	과거 (~했습니다) ~ました	과거부정 (~하지않았습니다) ~ませんでした	권유 (~합시다) ~ましょう
1 그 룹	書く 쓰다	書き**ます**	書き**ません**	書き**ました**	書き**ませんでした**	書き**ましょう**
	読む 읽다	読み**ます**	読み**ません**	読み**ました**	読み**ませんでした**	読み**ましょう**
	帰る 돌아가다	帰り**ます**	帰り**ません**	帰り**ました**	帰り**ませんでした**	帰りま**しょう**
2 그 룹	食べる 먹다	食べ**ます**	食べ**ません**	食べ**ました**	食べ**ませんでした**	食べ**ましょう**
	起きる 일어나다	起き**ます**	起き**ません**	起き**ました**	起き**ませんでした**	起き**ましょう**
3 그 룹	する 하다	し**ます**	し**ません**	し**ました**	し**ませんでした**	し**ましょう**
	来る 오다	来**ます**	来**ません**	来**ました**	来**ませんでした**	来**ましょう**

4 | 동사사전형 + 명사　　　~은(는) ~(명사 수식)

例 家に帰る時は友だちといっしょに行きます。

私がよく見るドラマはコミックとメロです。

5 　～で：～에서(장소)／로(수단)　　■　～を：을(목적)

・「で」 1. 동작의 장소를 나타낸다. (～에서)

　　　　2. 수단・방법을 나타낸다. (～으로)

㉘　カフェで友だちに会います。

　　いつも地下鉄で学校へ行きます。

・「を」 목적격조사 ～을 /를

㉘　寝る前に音楽を聞きます。

　　毎日運動をします。

6 　～が　　　　　　　　　　～이지만, ～입니다만 (역접)

㉘　昨日は予習をしましたが、今日はしませんでした。

　　果物は好きですが、野菜は嫌いです。

✓ **word**

・午後(ごご) 오후	・毎日(まいにち) 매일	・小学校(しょうがっこう) 초등학교
・会(あ)う 만나다	・起(お)きる 일어나다	・一昨年(おととし) 재작년
・去年(きょねん) 작년	・雪(ゆき) 눈	・降(ふ)る 내리다
・お昼(ひる) 점심	・ドラマ 드라마	・コミック 코믹
・メロ 멜로	・生(う)まれる 태어나다	・予習(よしゅう) 예습
・嫌(きらい)だ 싫어하다	・音楽(おんがく) 음악	・聞(き)く 듣다
・運動(うんどう) 운동	・カフェ 까페	

話してみましょう

[1] ＿＿＿＿＿ に ＿＿＿＿＿ ます ／ ません。

8時（じ） ／ 行（い）く
日曜日（にちようび） ／ 会（あ）う
3月（がつ） ／ 始（はじ）める

[2] ＿＿＿＿＿ で ＿＿＿＿＿ ます ／ ません。

デパート ／ 買（か）う
大通（おおどお）り ／ 演奏（えんそう）する
プール ／ 泳（およ）ぐ

[3] ＿＿＿＿＿ を ＿＿＿＿＿ ます／ ません。

ご飯（はん） ／ 食（た）べる
テニス ／ する
ピアノ ／ ひく

[4] ＿＿＿＿＿＿＿＿＿ が、＿＿＿＿＿＿。

今日（きょう）は学校（がっこう）に行（い）きます ／ 明日（あした）は学校（がっこう）に行（い）きません
朝（あさ）ご飯（はん）は食（た）べます ／ 夕（ゆう）ご飯（はん）は食（た）べません
テレビは見（み）る ／ ビデオは見（み）ません

✓ **word**

・行（い）く 가다	・日曜日（にちようび）일요일	・始（はじ）める 시작하다
・買（か）う 사다	・ジョギング 조깅	・プール 풀
・泳（およ）ぐ 수영하다	・食（た）べる 먹다	・書（か）く 쓰다
・新聞（しんぶん）신문	・読（よ）む 읽다	・ピアノをひく 피아노를 치다

1 다음 예와 같이 동사에 **ます**를 연결하세요.

例 する→します

❶ 売る ➡

❻ 聞く ➡

❷ かける➡

❼ 走る ➡

❸ 送る ➡

❽ 見る ➡

❹ 来る ➡

❾ 呼ぶ ➡

❺ 会う ➡

2 다음 밑줄 친 곳에 알맞은 조사를 쓰세요.

❶ 日本人の家 _____ ホームステイをします。

❷ 来年の夏休み _____ カナダに行きます。

❸ 毎日友だちとチャット _____ します。

3 다음 예와 같이 물음에 답하세요.

例

A: 吉本さん、今日先生に会いますか

B: いいえ、 <u>会いません</u>。

❶ A: 星野さん、何時に寝ますか。

B: だいたい夜12時に _____。

❷ A: アンさん、何で学校へ行きますか。 （バス／地下鉄）

B: _____。

❸ A: 朝ご飯は何を食べますか。 （サラダ／パン）

B: _____。

❹ A: 毎年海外旅行に行きますか。

B: いいえ、今年は _____。

④ 作文

❶ 나는 매일 우유를 마십니다.

➡

❷ 친구와 테니스를 칩니다.

➡

❸ 매주 일요일엔 애인을 만납니다.

➡

❹ 오늘은 어디에도 가지 않습니다.

➡

・ホームステイ 홈스테이	・カナダ 캐나다	・チャット 채팅
・会(あ)う 만나다	・寝(ね)る 자다	・朝ご飯(あさごはん) 아침식사
・サラダ 샐러드	・パン 빵	・海外(かいがい) 해외
・旅行(りょこう) 여행	・今年(ことし) 올해	・恋人(こいびと) 애인

MEMO

Unit 10 初めは大変でした

ムン　佐伯さん、韓国にいつ来ましたか。

佐伯　ええ、去年1月に来ました。

ムン　ああ、もう1年半になりましたね。

韓国の生活はどうですか。

佐伯　ええ、初めは大変でしたが、

今はすっかり慣れました。

ムン　よかったですね。

韓国語の勉強はうまくいっていますか。

佐伯　ええ、初めは難しくて

下手でしたが、

今は少し上手になりました。

- 生活(せいかつ) 생활　　　・初(はじ)め 처음　　　・大変(たいへん)だ 힘들다

1 〜ました(か)　　　〜했습니다(까)(동사의 과거표현)

例　朝ご飯の前にジョギングをしました。

吉田さんは来ましたが、星野さんは来ませんでした。

2 い형용사어간 かったです
〜았(었)습니다(い형용사의 과거표현)

어미「い」→「〜かった」로 바꾼다.

例　パーティーは楽しかったです。

あの映画は面白かったです。

3 い형용사어간 くありませんでした(= くなかったです)
〜지 않았습니다(い형용사의 과거부정표현)

例　日本語はあまり難しくありませんでした。

教室は暖かくありませんでした。

4 な형용사어간·명사 でした(=だったです)
～(했)였습니다(な형용사·명사의 과거표현)

例 昨日(きのう)は子供(こども)の日(ひ)でした。

ホテルはとてもきれいでした。
お祭(まつ)りはとても賑(にぎ)やかでした。

5 な형용사어간·명사 ではありませんでした
～지 않았습니다 (な형용사·명사의 과거부정표현)

例 吉田(よしだ)さんは学生(がくせい)ではありませんでした。

ホテルは静(しず)かではありませんでした。

word

・あまり 별로, 그다지	・楽(たの)しい 즐겁다	・暖(あたた)かい 따뜻하다
・来(く)る 오다	・お祭(まつ)り 축제	・賑(にぎ)やかだ 북적거리다, 활기차다

[1] _____ を _____ ました(か)。

豚骨(とんこつ)ラーメン ／ 食(た)べる

日記(にっき) ／ 書(か)く

[2] _____ は _____ かったです。

昨日(きのう)の映画(えいが) ／ 面白(おもしろ)い

ハイキング ／ 楽(たの)しい

[3] _____ は _____ くなかったです。

去年(きょねん)の冬(ふゆ) ／ 寒(さむ)い

英語(えいご)のテスト ／ 難(むずか)しい

[4] _____ は _____ でした。

ホテル ／ きれいだ

アルバイト ／ 大変(たいへん)だ

[5] _____ ではありませんでした。

小林(こばやし)さん ／ タレント

カラオケボックス ／ 静(しず)かだ

✓ word

- 日記(にっき) 일기
- 豚骨(とんこつ)ラーメン 돈코츠 라면
- タレント 탤런트
- ハイキング 하이킹
- アルバイト 아르바이트

※ 다음 예와 같이 말하고 써 봅시다.

1 例 行く → 行きました、行きませんでした

❶ 読む ➡ _____ 、 _____

❷ 帰る ➡ _____ 、 _____

❸ 死ぬ ➡ _____ 、 _____

❹ 寝る ➡ _____ 、 _____

❺ 見る ➡ _____ 、 _____

2 例

Q: 部屋はどうでしたか。（広い）

A: とても広かったです。

B: あまり広くなかったです。（くありませんでした）

❶ 学生食堂の食べ物はどうでしたか。（おいしい）

A: とても_____です。

B: あまり_____です。

❷ デパートはどうでしたか。（遠い）

A: とても_____です。

B: あまり_____です。

3 例 Q: ナンデムン市場はどうでしたか。（賑やかだ）

A: とても賑やかでした。

B: あまり賑やかではありませんでした。

① 大学の図書館はどうでしたか。（きれいだ）

A: とても＿＿＿＿＿＿＿＿でした。

B: あまり＿＿＿＿＿＿＿＿＿＿でした。

② アルバイトはどうでしたか。（大変だ）

A: とても＿＿＿＿＿＿＿でした。

B: あまり＿＿＿＿＿＿＿＿＿＿でした。

4 作文

① 어제는 일찍 학교에 갔습니다.

➡

② 점심식사 후에 쇼핑을 했습니다.

➡

③ 작년에는 회사원이었습니다.

➡

④ 어제는 조깅을 하지 않았습니다.

➡

· 学生食堂(がくせいしょくどう) 학생식당 　 · 食べ物(たべもの) 음식
· 昼ご飯(ひるごはん) 점심식사 　 · 買い物(かいもの) 쇼핑 　 · ジョギング 조깅

Unit 11 ドライブでも したいですね

佐伯　わあ、梅雨明けで久しぶりのいいお天気ですね。

ムン　どこかドライブでもしたいですね。

　　　　佐伯さん、今何をしていますか

佐伯　音楽を聞きながらレポートを書いています。ムンさんは。

ムン　友だちと買い物に行く準備をしています。

　　　　佐伯さんもいっしょに行きませんか。

佐伯　すみませんが、今日は体の調子が悪くて休みたいです。

ムン　わかりました。じゃ、すみませんが、行ってきます。

　　　　お大事に。

word

- わあ 와아(감탄사)
- 梅雨明け(つゆあ)け 장마가 갬
- 久(ひさ)しぶり 오래간만
- お天気(てんき) 날씨
- ほんとうに 진짜, 정말로
- ドライブ 드라이브
- ね 감동(종조사) 군요, 네요

1 동사 **ます**형의 용법

기본형		～ます	～に (～하러)	～たい (～싶다)	～ながら (～하면서)
1 그 룹	買う(사다)	買います	買いに	買いたい	買いながら
	呼ぶ(부르다)	呼びます	呼びに	呼びたい	呼びながら
	飲む(마시다)	飲みます	飲みに	飲みたい	飲みながら
	話す(얘기하다)	話します	話しに	話したい	話しながら
2 그 룹	食べる(먹다)	食べます	食べに	食べたい	食べながら
	見る(보다)	見ます	見に	見たい	見ながら
3 그 룹	する(하다)	します	しに	したい	しながら
	来る(오다)	きます			

例 友だちとお酒を飲みに行きます。

皆さんに早く知らせたいです。

コーヒーを飲みながらテレビを見ます。

2 ～に行く　　　　　～하러 가다(목적)

例 デジカメを買いに秋葉原に行きます。

友だちと映画を見にセントラルシティーに行きます。

3 ～を(が) ～たい　　　　～를 하고 싶다(희망표현)

「たい」는 1인칭의 욕구, 희망을 나타내며, 상대방의 욕구나 희망을 묻는 경우에서 사용할 수 있지만, 윗사람에게는 직접적으로 쓰지 않는 것이 좋다.

例　咽が渇いて水が飲みたいです。

クルーズで世界一周をしたいです。

4 ～ながら　　　　　～하면서(동시동작표현)

例　ビデオを見ながら日本語の勉強をします。

コーヒーを飲みながら小説を読みます。

・遊(あそ)ぶ 놀다	・知(し)らせる 알리다
・映画(えいが) 영화	・セントラルシティー 센트럴시티
・小説(しょうせつ) 소설	・秋葉原(あきはばら) 동경의 전자상가
・クルーズ 호화여객선	・世界一周(せかいいっしゅう) 세계일주

[1] _____ に行く

本を返す

アルバイトをする

吉野へ花見

[2] _____ たいです

彼氏とコンサートに行く

ゲーム・ソフトを買う

日本のドラマを見る

[3] _____ ながら _____ ます。

歌を聞く	/	漫画を読む
散歩する	/	恋人のことを考える
ピザを食べる	/	友だちとおしゃべりをする

✓ **word**

- 教(おし)える 가르치다
- コンサート 콘서트
- 散歩(さんぽ) 산보
- ピザ 피자
- 花見(はなみ) 꽃구경
- 料理(りょうり) 요리
- 恋人(こいびと) 연인
- おしゃべりをする 수다를 떨다
- 彼氏(かれし) 그남자, 그
- 漫画(まんが) 만화
- 考(かんが)える 생각하다
- ゲーム・ソフト 게임소프트

※ 다음 예와 같이 말하고 써 봅시다.

1 例 Q: 何をしに行きますか。(空港／友だちを迎える)

A: 空港に友だちを迎えに行きます。

❶ 銀行／お金を下ろす

➡

❷ 田舎／遊ぶ

➡

❸ 薬屋／薬を買う

➡

2 例 Q: 何が(を)したいですか。(ゆっくり休む)

A: ゆっくり休みたいです。

❶ アニメをダウンロードする

➡

❷ 日本人とチャットする

➡

❸ 大阪のユニバーサルスタジオに行く。

➡

3 **例** アルバムを見る／お母さんを思う

→ <u>アルバムを見ながらお母さんを思い</u>ます。

❶ 友だちと話す／電車を待つ ➡

❷ ビールを飲む／DVDを見る ➡

❸ 歌を歌う／運転する ➡

4 **作文**

❶ TV를 보면서 친구와 전화를 합니다.

➡

❷ 여름방학에는 수영을 배우고 싶습니다.

➡

❸ 세탁소에 세탁물을 찾으러 갑니다.

➡

❹ 술을 마시면서 얘기합니다.

➡

✓ **word**

- ダウンロード 다운로드 ・ 運転(うんてん) 운전 ・ 水泳(すいえい) 수영
- 話(はな)す 얘기하다 ・ クリーニング屋(や) 세탁소 ・ 洗濯物(せんたくもの) 세탁물
- ユニバーサルスタジオ 유니버설 스튜디오(오오사카에 있는 테마파크)

⏩ 기본동사

6時に起きる
6시에 일어나다

パンを食べる
빵을 먹다

12時に寝る
12시에 자다

学校へ行く
학교에 가다

学校に来る
학교에 오다

手紙を書く
편지를 쓰다

音楽を聞く
음악을 듣다

家に帰る
집에 돌아가다

バスに乗る
버스를 타다

| 料理を作る
요리를 만들다 | テレビを見る
TV를 보다 | 勉強をする
공부를 하다 |

| 友だちに会う
친구를 만나다 | 友だちと遊ぶ
친구와 놀다 | タクシーを呼ぶ
택시를 부르다 |

| 漫画を読む
만화를 읽다 | タバコを 吸う
담배를피우다 | 花を買う
꽃을 사다 | コーヒーを飲む
커피를 마시다 |

12 何を食べましょうか

ユン　今晩、何を食べましょうか。

アン　何か暖かいものがいいですね。

ユン　鍋うどんはどうですか。

アン　うどんよりはご飯の方がいいですね。

ユン　じゃ、ウナギ丼にしましょうか。

アン　ウナギ丼より安いのがいいのですが

ユン　じゃ、定食にしましょう。

✓ **word**

- 鍋(なべ)うどん 냄비우동
- 安(やす)い 싸다
- うなぎ丼(どん) 장어덮밥
- 定食(ていしょく) 정식

1 ～と～とどちらが～ですか ～와 ～와 어느쪽이 ～입(합)니까

例 コーヒーと紅茶とどっちが好きですか。

水曜日と木曜日とどちらが忙しいですか。

2 ～より ～のほうが ～です ～보다 ～가(를) ～입(합)니다

例 紅茶よりコーヒーのほうが好きですか。

水曜日より木曜日のほうが忙しいです。

3 ～の中で ～が 一番 ～ですか

～중에서 ～이(가) 제일 ～입(합)니까

例 外国語の中で何が一番上手ですか。

牛肉と豚肉と鶏肉の中でどれが一番好きですか。

4 　～が一番 ～です　　　　　～이(가) 제일 ～입(합)니다

例　日本語が一番上手です。

　　豚肉が一番好きです。

5 　～にする　　　　　～(으)로 결정하다 (선택)

例　黒いハンドバッグにします。

　　黄色いスカーフにします。

6 　～になる　　　　　～이(가) 되다 (변화/결과)

例　水が氷になります。

　　もうすぐ夏になります。

✓ word

・紅茶(こうちゃ) 홍차	・水(みず) 물	・氷(こおり) 얼음
・黒(くろ)い 검다	・忙(いそが)しい 바쁘다	・一番(いちばん) 제일 가장
・牛肉(ぎゅうにく) 소고기	・鶏肉(とりにく) 닭고기	・黄色(きいろ)い 노랗다
・豚肉(ぶたにく) 돼지고기	・外国語(がいこくご) 외국어	

[1] ＿＿＿＿と＿＿＿＿とどちらが ＿＿＿＿ですか。

水曜日	/	木曜日	/	忙しい
パソコン	/	デジカメ	/	高い
ビール	/	ワイン	/	好き

[2] ＿＿＿＿より ＿＿＿＿のほうが ＿＿＿＿です。

鎌倉	/	奈良	/	有名だ
ドラマ	/	漫画	/	面白い
バス	/	地下鉄	/	速い

[3] ＿＿＿＿の中で ＿＿＿＿が 一番 ＿＿＿＿ですか。

みかんとなしとりんご	/	どれ	/	好きだ
ドイツ語と日本語とフランス語	/	どれ	/	難しい
花	/	何	/	好きだ

[4] ＿＿＿＿が 一番 ＿＿＿＿です。

世界でエベレスト	/	高い山
鶏肉	/	安い
吉田さん	/	真面目だ

[5] _____ にします。

あか
赤いスポーツカー

はながら
花柄のブラウス

チーズバーガー

[6] _____ になります。

さっか
アニメの作家

ゆうめい
有名だ

きれいだ

練習問題

1 다음 예와 같이 알맞은 말을 골라 쓰고 대답해 봅시다.

例 バスとタクシーと飛行機の中で ___どれ___ が一番高いですか。
→ 飛行機が 一番 高いです。

❶ 牛肉と豚肉と鶏肉の中で _____ が一番安いですか
➡

❷ スポーツの中で _____ が一番上手ですか。
➡

❸ 東京と大阪と福岡の中で _____ が一番暖かいですか。
➡

❹ 3月と5月と8月の中で _____ が一番暇ですか。
➡

なに	だれ	どこ	いつ	どれ

2 다음 예와 같이 말하고 써 봅시다.

例 犬／猫／かわいい
A: 犬と猫とどちらが好きですか。 B: 犬の方が好きです。
A: どうしてですか。 B: かわいいからです。

❶ しんかんせん でんしゃ はや
新幹線／電車／早い

A: _____ B: _____

A: どうしてですか。 B: _____

❷ あま
チョコレート／レモン／甘い

A: _____ B: _____

A: どうしてですか。 B: _____

❸ バラ／ゆり／すきだ

A: _____ B: _____

A: どうしてですか。 B: _____

3 作文

❶ 일년 중 언제가 제일 바쁩니까?

➡

❷ 단독주택보다 맨션이 편리합니다.

➡

❸ 스파게티와 파스타 중 어느쪽을 좋아합니까?

➡

❹ 일본 작가 중에서 요시모토바나나를 제일 좋아합니다.

➡

✓ **word**

- バス 버스
- タクシー 택시
- チョコレート 초콜렛
- ゆり 백합
- 一戸建立(いっこだて) 단독주택
- 吉本(よしもと)バナナ 요시모토바나나

- 飛行機(ひこうき) 비행기
- 新幹線(しんかんせん) 신간선
- レモン 레몬
- マンション 맨션
- スパゲッティ 스파게티

- スポーツ 스포츠
- 甘(あま)い 달다
- バラ 장미
- 1年中(ねんちゅう) 일년중
- パスタ 파스타

➡ 日本人の余暇活動 〈일본인의 여가 활동〉

外食

ショッピング

ドライブ

温泉

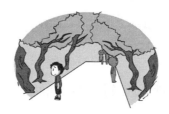

花見

花火大会

k-1

野球

ボーリング

| すいえい
水泳 | バドミントン | ハイキング |

| どうぶつえん
動物園 | カラオケ | ポータブルゲーム |

| たから
宝くじ | パチンコ | トランプ/カルタ |

MEMO

13 座っていくので大丈夫です

小林 ユンさん、家から学校にどうやって行きますか。

ユン まず、バスで地下鉄駅まで行きます。

地下鉄7号線に乗ってミョンモク駅で降ります。

そこからスクールバスに乗って行きます。

小林 わあ、大変じゃありませんか。

ユン でも、だいたい地下鉄では座っていくので大丈夫です。

小林さんは。

小林 近くにあるから、健康のために歩いて行きます。

ところで地下鉄の中では何をしますか。

ユン 音楽を聞きながら友だち
とケータイメールのやりと
りをします。

> 전 버스를 탄 뒤에
> 지하철을 타고 다시
> 스쿨버스를 타요.

> 걸어서 가요!

✓ word

- ミョンモク駅(えき) 면목역
- 本当(ほんとう)に 정말로, 진짜로
- ところで 그런데
- やりとり 주고받기
- 降(お)りる 내리다
- 座(すわ)る 앉다
- 音楽(おんがく) 음악
- スクールバス 스쿨버스
- 大丈夫(だいじょうぶ)だ 괜찮다
- ケータイメール 문자

文型と文法

1 ▎동사 て형

접속조사 「て」는 동사에 접속하여 2개 이상의 동작을 연결하며 「~하고, ~해서」로 해석된다. 용법은 단순연결, 이유·원인을 나타내기도 한다.

1 그 룹	어미가 く 인 동사	ます형 き → い + て 例) 書く→書いて、*行く→ 行って
	어미가 ぐ 인 동사	ます형 ぎ → い +で　例) 脱ぐ→脱いで
	어미가 う、つ、る 인 동사	ます형 い、ち、り → っ + て 例) 売る→売って
	어미가 ぬ、む、ぶ 인 동사	ます형 に、み、び → ん + で 例) 呼ぶ→呼んで
	어미가 す 인 동사	し + て　　　例) 話す→話して
2 그 룹	「i+る」「e +る」	어미 る를 떼고 +て 例) 見る→見て、寝る→寝て
3 그 룹	する、来る	する→して、 来る→来て

例) 今日は家に帰って、すぐ寝たいです。

お腹がすいて、ご飯を食べました。

126 [개정판] スラスラ 일본어입문

2 ～てください   ～해 주세요 (부탁)

例 ドアを開けてください。

住所を書いてください。

3 から／ので   ～때문에 ～라서 ～이니까 (원인·이유)

「から」「ので」는 모두 이유·원인을 나타내며, 회화체에서는「から」
를 사용하는 경우가 많다.

例 とても疲れているので、家で休みたいです。

時間がありませんから、急いでください。

4 ～(の)ために   ～를 위하여

例 子供のために働きます。

力士になるために日本に来ました。

話してみましょう

[1] _____ て(で) _____ ます。

シャワーを浴びる　　／　　家を出る
友だちに会う　　／　　映画をみる
宿題をする　　／　　ネットゲームをする

[2] _____ て(で)ください。

タクシーを呼ぶ
資料・メールで送る
パスポートを見せる

[3] _____ から ／ (な)ので _____ ます。

明日お客さんが来る　　／　　掃除をする
お腹がいっぱいだ　　／　　もう食べたくない
頭が痛い　　／　　薬を飲む

[4] _____ (の)ために _____ ます。

日本に留学する　　／　　一所懸命に勉強する
恋人に会う　　／　　イタリアに行く
子供　　／　　熱心に働く

 word

・一所懸命(いっしょけんめい) 열심히	・お腹(なか) 배	・お客(きゃく)さん 손님
・資料(しりょう) 자료	・宿題(しゅくだい) 숙제	・ドア 문
・シャワーを浴(あ)びる 샤워를 하다	・開(あ)ける 열다	・イタリア 이탈리아
・留学(りゅうがく)する 유학하다	・働(はたら)く 일하다	

1 다음 예와 같이 동사에 「て」를 연결하세요.

例 | する→して

① 泳ぐ ➡

② 食べる ➡

③ 送る ➡

④ 来る ➡

⑤ 歌う ➡

⑥ 書く ➡

⑦ 走る ➡

⑧ 見る ➡

⑨ 読む ➡

2 다음 예와 같이 말하고 써 봅시다.

例 | テキストを ___読んで___ ください。(読む)

① かごの中の卵を _____ ください。(数える)

② にんじんと玉ねぎは小さく _____ ください。(切る)

③ 部屋の掃除を _____ ください。(手伝う)

3 다음 밑줄 친 곳에 알맞은 말을 쓰세요.

❶ ちょっと寒い _____、窓を閉めてください。

❷ ダンスを習う _____ アメリカへ行きます。

❸ 日曜日 _____ 学校へ行きません。

から　　　　ので　　　ために

4 作文

❶ 교실은 깨끗이 사용해 주세요.

　➡

❷ 큰 소리로 대답해 주세요.

　➡

❸ 아침은 샌드위치를 먹고 커피를 마십니다.

　➡

❹ 늦게 일어나서 지각했습니다.

　➡

✓ **word**

・ペン 펜	・まだ 아직	・かご 바구니	・にんじん 당근
・玉(たま)ねぎ 양파	・卵(たまご) 달걀	・アメリカ 미국	・大声(おおごえ) 큰소리
・答(こた)える 대답하다	・掃除(そうじ) 청소	・遅刻(ちこく) 지각	

♣ おもしろい早口言葉

■ にゃんこ、子にゃんこ、孫にゃんこ、ひ孫にゃんこ

고양이 아들고양이 손자고양이 증손고양이

■ なまむぎなまこめなまたまご

生麦生米生卵 : 생보리 생쌀 날계란

■ ブスバスガイド

못생긴 버스 안내양

■ ガスバス爆発

가스버스폭발

■ さくら咲く桜の山の桜花　咲く桜あり散る桜あり

벚꽃 핀 벚꽃산 벚꽃 핀 벚꽃도 떨어진 벚꽃도 있다

■ 赤パジャマ　青パジャマ　黄パジャマ

빨간 파자마 파란 파자마 노란 파자마

■ カエルぴょこぴょこ三ぴょこぴょこ合わせてぴょこぴょこ六ぴょこぴょこ

개구리 팔짝팔짝 셋 팔짝팔짝 합쳐서 팔짝팔짝 여섯 팔짝팔짝

MEMO

Unit
14 教科書を見てもいいですか

学生 先生、教科書を見てもいいですか。

先生 いいえ、見てはいけません。

学生 では、もう一度テープを聞かせてください。

先生 ええ、いいですよ。

　　　よく聞かなければなりませんよ。

学生 ところで、このヒアリング、

　　　毎日しなければなりませんか。

先生 もちろんです。

　　　上手になるためには。

✓ **word**

- 教科書(きょうかしょ) 교과서
- テープ 테이프
- 聞(き)かなければなりません 들어야 합니다
- ～しなければなりません ～해야 합니다
- 上手(じょうず)になるために 잘하기 위해서

- 一度(いちど) 한번
- 聞(き)かせてください 들려주세요
- ヒアリング 히어링
- もちろん 물론

文型と文法

1 〜てもいいです(か)　　〜해도 괜찮습니다(까) (허가)

例 この本を読んでもいいですか。

はい、読んでもいいです。

今日は早く帰ってもいいです。

2 〜てはいけません／こまります
〜해서는 안 됩니다 (금지)

例 授業中、となりの人と話してはいけません。

大事な会議があるので、休んではいけません。

3 〜てから　　　　〜하고 나서

例 ご飯を食べてから歯を磨きます。

レポートを書いてからゲームをします。

4 ～ている ～하고 있다 / ～(해)있다 (진행/상태)

「타동사의 て형 + いる」는 동작의 진행, 「자동사의 て형+いる」는 단순한 상태를 나타낸다.

例 ドアを閉けています。 (진행)

ドアが閉いています。 (상태)

5 い형용사어간く／な형용사어간 になる (변화)

い형용사는 「ー く」, な형용사는 「ー に」 형태에 「なる」를 연결하여 변화를 나타낸다.

例 いつの間にか 暗くなりました。

だんだんクラシックが好きになります。

✓ word

・会議(かいぎ) 회의	・閉(あ)ける 닫다	・だんだん 점점
・帽子(ぼうし) 모자	・かぶる 쓰다	・クラシック 클래식
・歯(は) 이	・磨(みが)く 닦다, 갈다	・いつの間(ま)にか 어느새
・レポート 레포트		

[1] ＿＿＿＿＿＿＿ てもいいです(か)。

ファックスで送る

コピーをする

電話を使う

[2] ＿＿＿＿＿＿ てはいけません ／ こまります。

廊下で走る

人の悪口をする

道路で遊ぶ

[3] ＿＿＿＿＿ てから ＿＿＿＿＿ます。

ジョギングをする　／　シャワーを浴びる

メールを送る　／　電話をする

ブラウスを着る　／　スカートをはく

[4] _____ **ています。** (진행 / 상태)

手紙を書く

本を読む

桜が咲く

[5] _____ **く / に なります。**

英語がうまい

交通が便利だ

恥かしくて顔が赤い

✓ **word**

・ファックス 팩스	・コピー 복사	・廊下(ろうか) 복도
・走(はし)る 달리다	・悪口(わるぐち) 나쁜말, 험담	・うまい 잘하다
・恥(はずか)しい 부끄럽다	・桜(さくら) 벚꽃	・手紙(てがみ) 편지
・着(き)る 입다	・スカート 치마	・咲(さ)く 피다
・はく 신다, 입다	・道路(どうろ) 도로	・遊(あそ)ぶ 놀다
・ブラウス 블라우스	・顔(かお) 얼굴	・使(つか)う 사용하다

1 다음 예와 같이 말하고 써 봅시다.

> 例 トイレに行く
>
> A: トイレに行ってもいいですか。
>
> B: はい、行ってもいいです。
>
>   いいえ、行ってはいけません。

❶ ファックスで送る

A: ＿＿＿＿＿＿＿＿＿＿＿＿   B: ＿＿＿＿＿＿＿＿＿＿＿＿

B: ＿＿＿＿＿＿＿＿＿＿＿＿

❷ 大声で話す

A: ＿＿＿＿＿＿＿＿＿＿＿＿   B: ＿＿＿＿＿＿＿＿＿＿＿＿

B: ＿＿＿＿＿＿＿＿＿＿＿＿

❸ 道路で遊ぶ

A: ＿＿＿＿＿＿＿＿＿＿＿＿   B: ＿＿＿＿＿＿＿＿＿＿＿＿

B: ＿＿＿＿＿＿＿＿＿＿＿＿

2 다음 예와 같이 써 봅시다.

> 例 電話をする / お風呂に入る
>
> → 電話をしてから お風呂に入りました。

❶ コーヒーを飲む / 仕事を始める

　　➡

❷ 窓を開ける / 掃除をする

　　➡

❸ 日本語を習う / 日本に行く

　　➡

③ 作文

❶ 여기서 담배를 피워도 됩니까?

　　➡

❷ 이를 닦고 나서 얼굴을 씻습니다.

　　➡

❸ 이 복사기는 고장이 나서 쓰면 안됩니다.

　　➡

❹ 요시다씨는 벽에 지도를 붙이고 있습니다.

　　➡

✓ **word**

・トイレ 화장실	・コピー機(き) 복사기	・壊(こわ)れる 고장나다
・大声(おおごえ) 큰소리	・寄(よ)る 들르다	・貼(は)る 붙이다, 붙다

MEMO

日本語試験のいろいろ
〈다양한 일본어능력시험〉

필기	JLPT	JLPT(Jpanese-Languag Proficiency Test)는 일본어를 모국어로 하지 않은 사람의 일본어 능력을 측정하고 인정하는 시험으로, 국제교류기금과 재단법인 일본 국제교육지원협회가 주최하고 있습니다. 1984년부터 실시되었으며 다양한 수험자와 수험 목적의 변화에 발맞춰 2010년부터 4등급에서 5등급으로 세분화 한 새로운 일본어능력시험이 연2회(7월, 12월)실시되고 있습니다. 레벨은 5등급으로 N1~N2 언어지식(문자 어휘/문법) 독해/청해 두 항목, N3~N5는 언어지식(문자 어휘), 언어지식(문법) 독해/청해 세 항목으로 나누어져 있으며 시험시간은 각각 170분, 155분, 145분, 130분, 110분간 실시합니다. 합격여부는 언어지식, 독해, 청해 각각 60점, 총점 180점 중 취득 총점이 90점, 각 항목 모두 기준점 19점을 넘어야 합격됩니다. http://www.jlpt.or.kr
	JPT	JPT 일본어능력시험은 기존에 실시되고 있던 일본어능력시험의 여러 가지 문제점을 개선할 필요성에서 연구, 개발되었습니다. 일본어의 지식의 정도가 아닌 언어 본래의 기능인 커뮤니케이션 능력을 측정하기 위한 시험입니다. 청해, 독해에는 각각 4파트씩 총 200문항이 있으며 다양한 난이도의 문제가 골고루 출제되고 있습니다. 990점 만점으로 합격, 불합격이 아닌 점수로 결과가 산출됩니다. http://exam.ybmsisa.com/jpt/jpt01_1.asp
	EJU	일본 대학에 입학을 희망하는 유학생을 대상으로 일본 대학에서 필요로 하는 일본어능력 및 기초학력을 평가하기 위해 실시하는 시험입니다. 연 2회(6월, 11월 셋째 주 일요일) 일본 국내와 국외에서 실시하는데, 한국에서는 서울과 부산에서 실시합니다. 일본 유학시험의 시험과목은 일본어, 이과(물리, 화학, 생물), 종합과목 및 수학이지만, 일본의 각 대학이 지정하는 수험과목을 선택해서 수험하게 됩니다. http://www.eiutest.com
회화	SJPT	SJPT는 말하기 능력의 중요성이 커지면서 일본어 회화 능력 수준을 정확히 측정하기 위해 개발된 일본어 말하기 시험입니다. 질문 및 그림으로 주어진 상황에 답하는 형식이며 일상회화나 비즈니스 상황 등을 소재로 하고 있습니다. 채점은 OPI 자격증을 소지한 원어민 전문 평가단에 의해 이루어지며 Multiple rating 시스템으로 평가의 객관성을 확보했습니다. 시험 결과는 레벨 1에서 레벨 10까지 10단계이며 문법, 어휘, 발음, 유창성 등으로 평가항목을 구분하여 분석표를 제공하고 있습니다. http://exam.ybmsisa.com/sjpt/index.asp

著者 손정숙 (孫貞淑)

상명대학교 일어일문학과 졸업
상명대학교 대학원 일어일문학과 졸업(문학석사)
중앙대학교 대학원 일어일문학과 졸업(문학박사)
현재 서일대학교 비즈니스 일본어과 교수

전공분야
일본어학(일본어사어휘론)

저서
나홀로 일본어 작문
スラスラ 일본어 작문
スラスラ 일본어 입문
신 スラスラ 일본어 작문 1
신 スラスラ 일본어 작문 2

[개정판]

スラスラ 일본어 입문

개정 초판1쇄 인쇄　2020년 03월 05일
개정 초판1쇄 발행　2020년 03월 11일

저　　자　손정숙
발　　행　제이앤씨
등　　록　제7-220호

주　　소　서울시 도봉구 우이천로 353
전　　화　02) 992-3253
팩　　스　02) 991-1285
전자우편　jncbook@daum.net

ⓒ 손정숙 2020 Printed in KOREA.

ISBN　979-11-5917-156-7　13730　　　　　　　　　　　　　　　　　정가 14,000원